Martin Rößler

Weihnachts Hüftgold

blv

Inhalt

KONDITOREI
CAFÉ

Ein süßes Fest!

Was wäre Weihnachten ohne Plätzchen und Lebkuchen? Ohne den verlockenden Duft nach Zimt oder frisch gebackenen Butterstollen? Wahrscheinlich genauso langweilig wie ein Nürnberger Konditor ohne sein eigenes Weihnachtsbackbuch!

Mein Name ist Martin Rößler, ich bin Konditormeister und bereits in der sechsten Familiengeneration Chef der Nürnberger Konditorei *Café Beer*. Ich freue mich ganz besonders, dass Sie gerade mein erstes eigenes Backbuch in Ihren Händen halten. Und dann auch noch ein Weihnachtsbackbuch. – Das ist für uns Konditoren in der Backstube zwar die anstrengendste Zeit des Jahres, aber zugleich auch die schönste. Bereits ab Mitte Oktober liegt jeden Tag der Duft von Weihnachten in der Luft. Vermutlich war es auch genau dieser Duft, der mich dazu verführt hat, Konditor zu werden.

Mich dazu gebracht, dieses Buch zu schreiben, haben eigentlich Sie, unsere lieben und treuen Kunden und Freunde unseres Hauses. Ihnen haben meine Rezepte von *Wir in Bayern* nicht mehr gereicht und Sie haben immer wieder nach etwas Neuem gefragt. Mit meinem Weihnachtsbackbuch möchte ich Ihnen und allen meinen Lesern deshalb gerne genau solch angenehme Gefühle und Erinnerungen an die Weihnachtsbäckerei schenken, wie ich sie habe.

Als Konditor gibt es für mich ohnehin nichts Schöneres, als in der Backstube mit süßen Zutaten zu experimentieren. Aber nicht nur für berufsmäßige Hüftgoldliebhaber ist gerade Weihnachten die Zeit der Fülle: Sie erinnern sich bestimmt gerne an Ihre Kindheit zurück, wenn Sie Teig stibitzt und heimlich vernascht haben. Oder, wenn Sie nach intensiver Suche endlich das Versteck gefunden haben und an das wunderbare Gefühl beim Öffnen der Dose mit den frischen Vanillekipferln. Dieser Duft! – Solche Plätzchenexpeditionen sind charmante Laster, denen viele von uns heute noch nachgehen. Weil's einfach dazugehört und rund um Weihnachten ebenso erlaubt ist wie das genussvolle Ignorieren diverser Kalorienspartabellen.

Damit Sie nach Herzenslust naschen, backen und immer wieder Neues entdecken können, habe ich mich inspirieren lassen von weihnachtlichen Evergreens ebenso wie von Christkindlesmarktsüßigkeiten. Auch einige Klassiker, wie die Donauwelle oder das Tiramisu, finden Sie im festlichen Weihnachtsgewand. Zahlreiche Kleinigkeiten, aber auch die ein oder andere aufwendige Torte haben so ins Buch gefunden. Keine Angst, was gut aussieht, ist nicht unbedingt kompliziert zu machen. Und eins haben alle Rezepte gemeinsam – sie werden dem Namen Hüftgold alle Ehre machen.

Jetzt bleibt mir Ihnen nur noch mindestens genauso viel Freude und Erfolg beim Nachbacken der Rezepte zu wünschen, wie ich beim Entwickeln und Ausprobieren hatte!

Ihr Konditormeister Martin Rößler

Glänzend gut Backen

Das Auge isst mit! Ganz besonders an den Feiertagen. Wie Sie auch zu Hause ganz unkompliziert und mit viel Freude die Rezepte im Buch und so manchen traditionellen Klassiker herausputzen können, erfahren Sie in diesem Kapitel.

Keine Sorge: Manche der Rezepte sehen auf den ersten Blick vielleicht kompliziert aus, sind es aber gar nicht. Es war und ist mir schon immer ein großes Anliegen gewesen, meinen Zuschauern und Lesern zu zeigen, wie man ganz einfach richtig gut backt. Sie brauchen dazu weder einen Patisseriekurs zu belegen, noch ausgefallene Zutaten im Spezialhandel zu besorgen.

Die richtigen Zutaten

Alle Zutaten bekommen Sie problemlos bei Ihrem Lebensmittelhändler. Das Erfolgsgeheimnis: echte Vanille und andere edle Gewürze, Sahne, Butter, Marzipan, Rosenwasser und hochwertige Schokolade.
Wenn Sie wollen, dass Ihre Kuchen, Torten und Plätzchen so richtig gut schmecken, greifen Sie zum jeweiligen Geschmacksoriginal, also echter Vanille anstatt Vanillin, echter Butter anstelle von Margarine, hochwertiger Kuvertüre, guten Gewürzen und selbst gemachten Mischungen anstelle fertiger und oft künstlicher Aromen. Und auch »gewichtige« Zutaten wie Sahne, Mascarpone und Co. dürfen und müssen manchmal sein. Denn Fett ist eben ein wichtiger Geschmacksträger. Ich genieße lieber weniger richtig Gutes, als viel Mittelmäßiges. Da halte ich es mit meinen Hüftgoldrezepten wie mit dem echten Edelmetall: Kleine, feine Köstlichkeiten schmücken und schmecken doch besser als viel leichter »Modeschmuck«. Mein Lebkuchengewürz-Rezept sowie eine selbst gemachte Gewürzessenz finden Sie übrigens auf Seite 10.

Die richtige Deko

In meinen Rezepten steckt nicht nur ordentlich Hüftgold, mir war es auch wichtig, Ihnen mit auf den Weg zu geben, wie Sie mit dem ein oder anderen Profitrick Ihre selbst gebackenen Plätzchen, Kuchen oder Torten auf der Festtagstafel, dem Gabentisch oder als kleine Geschenke so richtig zum Glänzen bringen. Selbstverständlich können Sie, wenn es mal schneller gehen muss, besonders aufwendige Dekorationen wie Karamell-Engelshaar, Schokoflügel oder Schokoladensterne einfach weglassen. Und es gibt auch eine große Auswahl an Schokoladen- und Zuckerstreugut zu kaufen.
Aber gerade zu Weihnachten geht es beim Backen nicht in erster Linie ums Tempo. Rund um die Festtage dürfen Kuchen und Torten ganz besonders glänzen. Ein schöner Anlass, sich an die ein oder andere etwas zeitaufwendigere, aber ganz sicher machbare süße Herausforderung zu wagen. Auf den folgenden Seiten finden Sie einige Grundrezepte, die im Buch immer wieder zum Einsatz kommen, mit denen Sie aber auch andere Gebäcke verzieren können. Gerade in der Vorweihnachtszeit macht man ja meist mehrere Rezepte gleichzeitig. Dann lohnt sich der Mehraufwand umso mehr.

Kuvertüre temperieren

Nur dadurch wird eine Überzugskuvertüre schön seidig und matt glänzend. Kuvertüre sollte immer klein gehackt werden.

1. 2 Drittel der benötigten Kuvertüre über dem Wasserbad auf 45 Grad erhitzen.

2. Vom Wasserbad nehmen. Die restliche Kuvertüre dazugeben und unter gelegentlichem Rühren langsam einschmelzen lassen.

3. Sobald die Temperatur der Kuvertüre auf circa 27 Grad gesunken ist, die Kuvertüre zurück aufs Wasserbad geben und langsam wieder erwärmen: Zartbitterkuvertüre auf 31 bis 32 Grad, Vollmilchkuvertüre auf 30 bis 31 Grad, weiße Schokolade auf 29 bis 30 Grad.

4. Zum Testen eine Messerspitze in die Kuvertüre tauchen: Wird sie beim Festwerden streifig, muss sie noch etwas gerührt werden. Wird sie grau, muss sie mit etwas klein gehackter Kuvertüre abgekühlt werden.

Schokoladen-Flügel

Zutaten
für etwa 80 Stück

ca. 200 g Zartbitterkuvertüre, temperiert
reichlich Backpapier * Nudelholz oder Papphülsen von Küchenrollen

1. Backpapierstreifen von circa 6 Zentimetern schneiden. Diese der Länge nach an die vordere Kante der Arbeitsplatte legen.

2. Mit einer breiten Messerspitze in die Kuvertüre eintauchen und damit möglichst dicke, nicht ganz 6 Zentimeter hohe Schokospitzen nebeneinander auf die Backpapierstreifen stempeln.

3. Die Streifen, wenn die Kuvertüre noch biegsam ist, über einem Nudelholz runden und festkleben oder zum Festwerden in eine Küchenrollen-Papphülse schieben.
Nach dem Festwerden vorsichtig das Backpapier abziehen. Die ungebogenen Flügel eignen sich auch hervorragend als Tortendeko.

Gewürzessenz

Zutaten

250 ml Rum ✶ 250 ml trockener Rotwein ✶ Abrieb von 5 Bio-Orangen ✶ Mark und Schale von 2 Vanilleschoten ✶ 30 Gewürznelken ✶ 15 Koriandersamen ✶ 2 Zimtstangen ✶ 1 TL Pimentkörner

1. Alle Zutaten in einem Topf aufkochen lassen und über Nacht abgedeckt im Kühlschrank ziehen lassen.

2. Am nächsten Tag die Gewürzessenz abseihen und in ein Schraubglas oder -fläschchen abfüllen. Sie hält im Kühlschrank etwa 12 Monate.

Einsatzmöglichkeiten: Die Gewürzessenz eignet sich für verschiedene Cremes oder, mit Läuterzucker verlängert, zum Tränken von Tortenböden.

Dosierung: Je nach Geschmack und gewünschter Intensität individuell dosieren.

Lebkuchengewürz

Zutaten

100 g Zimt, gemahlen ✶ 2 g Nelke, gemahlen ✶ 2 g Ingwer, gemahlen ✶ 2 g Kardamom, gemahlen ✶ 2 g Macis (Muskatblüte), gemahlen

Um sein Lebkuchengewürz macht jeder Lebkuchenbäcker ein großes Geheimnis – natürlich zurecht, denn das Gewürz ist quasi die Seele eines Lebkuchens. Ich persönlich mag eher die ausgewogenere Mischung der Gewürze, sodass kein Gewürz außer dem Zimt besonders stark hervorschmeckt. Experimentieren Sie, mit der Zeit werden Sie Ihr eigenes Geheimrezept herausfinden.

Einsatzmöglichkeiten: Neben Lebkuchenteigen können Sie damit auch Mürbeteige, Rührteige, Cremes, Füllungen und vieles mehr in Weihnachtsstimmung bringen.

Dosierung: Je nach Geschmack und gewünschter Intensität individuell dosieren.

Dosenmilchkaramell

Zutaten
400 ml gesüßte (45 % Zucker) Kondensmilch in der Dose

1. Eine Dose gesüßte Kondensmilch für 3 Stunden im Wasserbad langsam ganz leicht köcheln lassen. Dabei immer wieder überprüfen, ob die Dose noch komplett mit Wasser bedeckt ist.

2. Die Dose muss vor dem Öffnen komplett auskühlen. Ungeöffnet ist das Dosenmilchkaramell ungefähr 3 Monate haltbar.

Eiweißglasur

Zutaten
5 Eiweiße * 600 g Puderzucker * 2 TL Zitronensaft

1. Das Eiweiß mit Puderzucker und Zitronensaft steif schlagen.

Tipp

Farbenspiele: Die Eiweißglasur kann mit flüssiger Lebensmittelfarbe oder Farbpulver beliebig eingefärbt werden.
Möchten Sie mit der Glasur plastische Verzierungen, etwa die Schneemannnasen von Seite 112, aufsetzen, sollten Sie die Mischung sehr dick halten.

Läuterzucker

Zutaten
2 Teile Zucker * 1 Teil Wasser

Läuterzucker ist eine wässrige Zuckerlösung, die man zum Tränken, etwa für die Savarins von Seite 62, zum Glasieren oder zum Süßen von Cremes und Flüssigkeiten immer gut gebrauchen kann. Ich bereite für meine Rezepte immer einen besonders dicken Läuterzucker im Verhältnis 2:1 zu.

1. Zucker und Wasser in einem Topf mischen und aufkochen, bis sich der Zucker vollständig gelöst hat. Dann sofort vom Herd nehmen und abkühlen lassen.

2. Sofort weiterverwenden oder in Flaschen abfüllen. Im Kühlschrank hält Läuterzucker mehrere Wochen.

Engelshaar

Zutaten
250 g Zucker
Backpapier * große Gabel * Schere

1. Den Zucker in einer beschichteten Pfanne karamellisieren lassen. Sobald der Zucker vollständig geschmolzen ist und sich hellgolden verfärbt hat, die Pfanne vom Herd nehmen und direkt neben ein Blech mit Backpapier platzieren. Vorsicht beim Arbeiten, das Karamell ist sehr heiß!

2. Zum Ziehen der feinen Engelslocken eine große Gabel mit den Zinken in das Karamell tauchen. Er sollte leicht zäh von der Gabel laufen. Ansonsten noch etwas abkühlen lassen. Dann immer wieder mit der Gabel eintauchen und mit hoher Geschwindigkeit über das Backpapier wedeln.

3. Das Engelshaar ist noch kurz flexibel und kann in der Zeit nach Wunsch gebündelt, versponnen und zugeschnitten werden.

Wiener Boden

Zutaten
für 1 Boden 26 cm Ø

60 g Butter * 6 Eier * 170 g Zucker *
100 g Weizenmehl Type 405 *
40 g Speisestärke * 20 g Kakao
26er Springform, Ränder gefettet, Boden mit Backpapier ausgelegt

1. Den Backofen auf 180 Grad Umluft vorheizen. Die Butter zerlassen und dann abkühlen lassen.

2. Inzwischen Eier und Zucker unter ständigem Rühren über dem Wasserbad auf 50 Grad erhitzen, anschließend in der Küchenmaschine kalt und sehr schaumig schlagen.

3. Mehl, Speisestärke und Kakao vermischen, dann vorsichtig unter die Eiermasse heben. Anschließend die flüssige Butter unterziehen.

4. In der Springform auf der mittleren Schiene des Ofens circa 25 Minuten backen.

Brandmasse

Zutaten
für ca. 50 Windbeutel

150 ml Milch * 150 ml Wasser *
90 g Butter * 5 g Zucker * 1 Prise Salz *
1 Prise Muskat * 150 g Weizenmehl
Type 405 * 4 Eier
Spritzbeutel mit Lochtülle 10 mm Ø *
2 Backbleche mit Backpapier

1. Milch, Wasser, Butter, Zucker, Salz und Muskat in einem Topf zum Kochen bringen. Das Mehl auf einmal dazugeben und mit einem Holzspatel einrühren.

2. Die Masse weiterrühren und dabei »abrösten«, bis sich ein weißer Belag am Topfboden gebildet hat. Dann in eine Schüssel füllen und mit einem feuchten Tuch abgedeckt lauwarm abkühlen lassen.

3. Den Backofen auf 200 Grad Umluft vorheizen. Die Eier einzeln mit einem Schneebesen langsam und gründlich unter die lauwarme Brandmasse rühren.

4. Die Brandmasse in einen Spritzbeutel füllen und mit mehr als doppeltem Abstand 50 haselnussgroße Kugeln auf 2 Backbleche aufspritzen.
Im Ofen für circa 20 Minuten backen. Anschließend auf einem Kuchengitter vollständig auskühlen lassen.

Tipp

So geht Windbeuteln nicht die Luft aus:
Damit sie nach dem Backen nicht zusammenfallen, die Backofentüre nach 10 Minuten einen kleinen Spalt öffnen und mit der leicht geöffneten Türe fertig backen.

Süße Vorfreude

HÜFTGOLD-APPETITHÄPPCHEN
UND KÜCHLEIN FÜR DIE ADVENTSZEIT

Apfel-Ingwer-Stern

MIT ROSENWASSER

Zutaten
für 8 Stück

Für den Apfel-Ansatz: 250 g Äpfel, geputzt ✶ 75 g kandierter Ingwer ✶ 20 ml Rosenwasser
Für die Sandmasse: 200 g Butter, zimmerwarm ✶ 200 g Zucker ✶ 1 Prise Salz ✶ 4 Eier ✶ 170 g Weizenmehl Type 405 ✶ 50 g Speisestärke ✶ 8 g Backpulver
8 kleine Silikonsternformen à 150 ml
Für die Überzugsganache: 135 g Sahne ✶ 90 ml Milch ✶ 245 g Vollmilchkuvertüre mit 40 % Kakaoanteil, gehackt ✶ 155 g Nougat
Außerdem: 3 Eiswaffeln ✶ ½ TL essbarer Goldstaub

Apfelansatz vorbereiten: Die Äpfel schälen, entkernen und klein würfeln. Den kandierten Ingwer fein hacken. Beides mit dem Rosenwasser mischen und über Nacht abgedeckt im Kühlschrank durchziehen lassen.

Sandmasse: Am nächsten Tag den Backofen auf 170 Grad Umluft vorheizen. Die Butter mit Zucker und Salz mit der Küchenmaschine oder dem Handmixer hell-cremig rühren, dann nach und nach die Eier dazugeben und kräftig mit aufschlagen.
20 Gramm vom Mehl unter die marinierten Äpfel mischen (dann rutschen die Äpfel beim Backen nicht alle nach unten) und abgedeckt bereitstellen.
Das restliche Mehl gründlich mit der Speisestärke und dem Backpulver mischen und dann unter die Butter-Ei-Masse ziehen.
Zum Schluss die Äpfel unter die Masse heben und diese in die Sternformen einfüllen. Für etwa 25 Minuten backen, in der Form lauwarm abkühlen lassen, dann auf ein Gitter stürzen und vollständig auskühlen lassen.

Überzugsganache: Sahne und Milch gemeinsam aufkochen. Die gehackte Kuvertüre in einer Schüssel mit der heißen Milch-Sahne-Mischung übergießen und dabei langsam rühren, bis die Kuvertüre sich aufgelöst hat. Zum Schluss noch den Nougat unterrühren.

Fertigstellen: Zum Absetzen die Eiswaffeln fein zerbröseln und in einem flachen Teller mit dem Goldpuder vermischen.
Die Sterne mit der Ganache überziehen. Dazu die Sterne am besten auf ein Gitter legen und mit der Ganache übergießen. Das Gitter etwas klopfen, damit der Überzug nicht zu dick wird.
Anschließend sofort den unteren Rand der Sterne mit den Goldbröseln absetzen, indem die Sterne mit einer Palette in den Teller mit den Bröseln gelegt werden. Zum Festwerden auf ein Backpapier geben und kühl stellen.
Nach Geschmack mit Zuckerstangen oder anderen Formen dekorieren.

Tipp

Feinherber Genuss: Bei diesem Rezept verwende ich eine Vollmilchkuvertüre mit 40 % Kakaoanteil. Diese ist etwas herber und auch nicht so süß. Sollten Sie nur eine mit 30 % bekommen, können Sie 100 Gramm durch Zartbitterkuvertüre ersetzen.

Glühweincupcakes

MIT PREISELBEEREN UND GEWÜRZBUTTERCREME

Zutaten
für 16 Stück

Für die Glühwein-Schoko-Masse:
250 g Butter ✶ 250 g Zucker ✶ 1 Prise Salz ✶ 4 Eier ✶ 250 g Weizenmehl Type 550 ✶ 60 g stark entöltes Kakaopulver ✶ 15 g Backpulver ✶ 100 ml Glühwein ✶ 130 g Zartbitterkuvertüre, klein gehackt ✶ 300 g gefrorene Preiselbeeren ✶
1 EL Weizenmehl Type 405
16 Muffinförmchen, gefettet oder mit Papierförmchen ausgelegt
Für die Gewürz-Buttercreme: 500 ml Milch ✶ 125 g Zucker ✶ 50 ml Gewürzessenz (→ S. 10) ✶ 1 Prise Salz ✶ Mark von 1 Vanilleschote ✶ 3 Eigelbe ✶ 60 g Speisestärke ✶ 160 g Butter
Spritzbeutel mit Lochtülle 10 mm Ø
Für die Deko: Zuckerstangen oder Zuckerperlen nach Geschmack

Glühwein-Schoko-Masse: Den Backofen auf 170 Grad Umluft vorheizen. Die Butter, Zucker und Salz mit der Küchenmaschine oder dem Handmixer hell-cremig rühren. Dann nach und nach die Eier dazugeben und jeweils kräftig mit aufschlagen.
Das Mehl gründlich mit dem Kakaopulver und dem Backpulver vermengen und anschließend abwechselnd mit dem Glühwein unter die Butter-Eier-Masse ziehen. Im Anschluss die gehackte Kuvertüre unter den Teig ziehen.
Zum Schluss die gefrorenen Preiselbeeren in einem Esslöffel Mehl wälzen und unter die Masse heben.
Die Masse in die Muffinformen füllen. Auf der mittleren Schiene des Ofens circa 25 Minuten backen. Kurz abkühlen lassen, dann auf einem Kuchengitter vollständig erkalten lassen.

Buttercreme: 400 Milliliter der Milch mit dem Zucker, der Gewürzessenz, Salz und Vanille zum Kochen bringen. Die restliche Milch mit den Eigelben und der Stärke glatt rühren. Unter ständigem Rühren in die kochende Milch einlaufen lassen und kurz aufkochen lassen, bis die Mischung eindickt. Die Creme in eine Schüssel geben, direkt an der Oberfläche mit einer Frischhaltefolie abdecken, damit sich keine Haut bildet, und auf Zimmertemperatur abkühlen lassen.
Die Butter kräftig aufschlagen, bis sie eine helle, fast weiße Farbe bekommen hat. Dann die Vanillecreme dazugeben und vorsichtig glatt rühren.

Fertigstellen: Die Buttercreme in einen Spritzbeutel mit großer Lochtülle füllen und spiralförmig auf die Muffins dressieren. Nach Geschmack mit Zuckerstangen oder Zuckerperlen dekorieren.

Adventswhoopies

MIT ERDNÜSSEN UND SALZKARAMELL

Zutaten
für 12 Stück

Für den Teig: 80 g weiche Butter ✶ 70 g brauner Zucker ✶ 70 g Zucker ✶ 1 Prise Salz ✶ 1 Eigelb ✶ 160 g Weizenmehl Type 550 ✶ 40 g stark entöltes Kakaopulver ✶ 160 ml Buttermilch
Spritzbeutel mit Lochtülle 10 mm Ø ✶ 24er Blech-Whoopieform mit 7 cm Ø oder Backblech mit Backpapier
Für die Füllung: 40 g Vollmilchkuvertüre, klein gehackt ✶ 180 g Dosenmilchkaramell (→ Grundrezept S. 11) ✶ 1 EL Fleur de Sel ✶ 100 g gesalzene Erdnüsse, klein gehackt
Für die Deko: 50 g brauner Zucker

Teig: Den Backofen auf 160 Grad Umluft vorheizen. Die Butter mit den beiden Zuckersorten, dem Salz und dem Eigelb mit der Küchenmaschine oder dem Handmixer leicht schaumig rühren.
Das Mehl gründlich mit dem Kakaopulver vermengen. Abwechselnd mit der Buttermilch portionsweise unter die Eier-Masse rühren. Den Teig in einen Spritzbeutel mit einer großen Lochtülle füllen und auf die 24 Woopiemulden verteilen oder 24 gleich große (circa 5 Zentimeter) runde Kekse mit etwa 4 Zentimetern Abstand auf ein Backblech mit Backpapier spritzen.
Für circa 16 Minuten auf der mittleren Schiene des Ofens backen. Danach in der Form auskühlen lassen. Für die Plätzchen auf dem Papier: Kurz auf dem Blech anziehen lassen, dann mit dem Papier auf ein Kuchengitter ziehen und vollständig auskühlen lassen.

Füllung: Die Vollmilchkuvertüre vorsichtig über dem Wasserbad schmelzen, dann vom Herd nehmen. Karamell und das Salz dazugeben und glatt rühren. Zum Schluss die gehackten Erdnüsse dazugeben. Die Masse handwarm abkühlen lassen.

Zusammensetzen: Die Creme in den Spritzbeutel mit der großen Lochtülle füllen und jeweils 2 Kekse mit einem großen Tupfen zusammenkleben.

Verzieren: Aus Papier eine kleine Sternschablone ausschneiden. Diese auf die Whoopies legen und mit dem braunen Zucker Sterne aufstreuen.

Tipp

Ein Hauch Salz: Ich finde diese Salznote im Karamell sehr spannend und lecker. Natürlich können Sie Ihrem persönlichen Geschmack entsprechend das Salz auch einfach weglassen.
Gerne können Sie die Whoopies auch mit Mandeln oder anderen Nüssen füllen.

Orangen-Zimt-Tartelettes

MIT BAISERBÄUMCHEN

Zutaten
für 6 Tartelettes

Für den Mürbeteig: 130 g Butter * 65 g Puderzucker * 1 Eigelb * 130 g Weizenmehl Type 550 * 65 g Vollkornmehl * 1 Prise Salz * 1 Prise Zimt * etwas Abrieb von 1 unbehandelten Zitrone
6 Tartelettes-Förmchen Ø 10 cm, gefettet * Hülsenfrüchte und Backpapier fürs Blindbacken
Für die Orangen-Zimt-Creme: 100 ml Orangensaft, frisch gepresst * 10 ml Zitronensaft * Abrieb von 1 Bio-Orange * 3 Eier * 75 g Zucker * 1 Prise Zimt * 100 g eiskalte Butter, in kleine Stücke geschnitten
Für das Baiser: 2 Eiweiße * 110 g Puderzucker * 1 Prise Salz
Spritzbeutel mit Sterntülle 10 mm Ø
Außerdem: geriebene Pistazien

Mürbeteig: Alle Zutaten zu einem Teig kneten und für 30 Minuten in Frischhaltefolie gewickelt kalt stellen.
Den Backofen auf 180 Grad Umluft vorheizen. Den Teig auf etwa 3 Millimeter Stärke ausrollen. 6 Kreise mit etwa 13 Zentimetern Durchmesser ausstechen oder -schneiden. Die Förmchen damit auslegen und den Teig mehrmals mit der Gabel einstechen. Backpapierquadrate ausschneiden, auf die Teigböden legen, Hülsenfrüchte einfüllen und auf der mittleren Schiene für etwa 10 Minuten blind backen, dann das Papier und die Hülsenfrüchte herausnehmen und die Tartelettes in weiteren 10 Minuten goldbraun backen. In den Förmchen vollständig auskühlen lassen.

Orangencreme: Alle Zutaten bis auf die Butter bei mittlerer Hitze in einem Topf unter ständigem Rühren zur Rose abziehen (→ Tipp). Die Mischung in eine Schüssel umfüllen und langsam die Butter einrühren. Die Masse in die Mürbeteigtartelettes einfüllen und kühl stellen.

Baiser: Das Baiser wird nicht mehr gebacken. Also erst kurz vor dem Servieren frisch zubereiten und sofort genießen. Das Eiweiß mit der Hälfte des Zuckers und dem Salz mittelfest aufschlagen. Dann den restlichen Zucker einrieseln lassen und dabei weiter schlagen, bis ein schnittfester Eischnee entstanden ist. Diesen in einen Spritzbeutel mit Sterntülle füllen und kleine Bäumchen aufspritzen, indem Sie 3 kleiner werdende Tupfen stapeln. Zum Schluss noch mit geriebenen Pistazien bestreuen.

Tipp

Zur Rose abziehen: Empfindliche Cremes erwärmt man vorsichtig auf 80 bis 85 Grad, bis sie eindicken. Auf keinen Fall kochen lassen! Um zu überprüfen, ob die richtige Konsistenz erreicht ist, tauchen Sie kurz einen Kochlöffel in die Masse. Halten Sie ihn dann mit der Rückseite nach oben vor sich und pusten Sie sanft auf die Oberfläche. Bilden sich leicht gekräuselte Linien – die sehen dann aus wie eine Rosenblüte – ist die richtige Konsistenz gegeben.

Nürnberger Christkindle

CAKE-POPS MIT SÜSSEM ENGELSHAAR

Zutaten
für 50 Stück

Für den Rührteig: 100 g Zartbitterkuvertüre, klein gehackt ✶ 125 g Butter ✶ 125 g Zucker ✶ 1 Prise Salz ✶ 1 TL Zimt ✶ 3 Eier ✶ 250 g Weizenmehl Type 405 ✶ 50 g Kakaopulver ✶ 50 ml Milch
Springform 26 cm Ø, Boden mit Backpapier ausgelegt, Ränder gefettet
Für die Cake-Pop-Masse: 60 g Butter ✶ 100 g Puderzucker ✶ 125 g Frischkäse ✶ 60 g Pflaumenmus ✶ 2 cl Rum
50 Cake-Pop-Stiele
Für die Glasur und die Flügel: ca. 500 g Zartbitterkuvertüre, temperiert (→ S. 9)
reichlich Backpapier ✶ mehrere Küchenrollenhülsen
Für das Engelshaar: 250 g Zucker ✶ 100 ml Wasser
reichlich Backpapier ✶ Holzkochlöffel
Für die Gesichter: ca. 30 g Zartbitterkuvertüre, temperiert (→ S. 9) und etwas rote Eiweißglasur (→ S. 11)

Teig: Die Kuvertüre über dem Wasserbad schmelzen, handwarm abkühlen lassen. Backofen auf 170 Grad Umluft vorheizen. Butter mit Zucker, Salz und Zimt hellcremig mixen. Die Kuvertüre langsam unter die Buttermasse rühren, danach die Eier einzeln einarbeiten. Mehl und Kakao mischen und unter die Masse heben. Milch unterrühren. Den Teig in der Springform etwa 25 Minuten auf der mittleren Schiene backen. Kurz in der Form ruhen und dann auf einem Kuchengitter erkalten lassen.

Cake-Pop-Masse: Den Schokoteig mit der Hand grob zerbröckeln. Butter und Puderzucker in einer großen Schüssel hell-cremig mixen, dann den Frischkäse unterziehen. Zuletzt Pflaumenmus, Rum und die Kuchenbrösel dazugeben und alle mit der Hand zu einer gut bindenden Masse verkneten. 1 Stunde kalt stellen.

Formen: Die Masse in 1 Drittel und 2 Drittel aufteilen und gleich viele (ungefähr 50) etwa 10 Gramm schwere Kugeln (Köpfe) und etwa 18 Gramm schwere spitze Kegel (Körper) formen.
Zum Zusammenbauen eines Christkinds einen Cake-Pop-Stiel circa 3 Zentimeter tief in die temperierte Kuvertüre tauchen, dann einen Teigkegel mit der Spitze nach oben aufspießen, sodass der Stiel etwa 1 Zentimeter aus der Spitze ragt.
Den Stiel nochmals in Kuvertüre tauchen und den Kopf aufstecken. 30 Minuten zum Festwerden kalt stellen.

Flügel: Inzwischen die Flügel (2 pro Stück, zur Sicherheit etwas mehr) herstellen wie auf Seite 9 beschrieben.

Fertigstellen: Die Cake-Pops komplett in Kuvertüre tauchen. Nun am besten in einen Styroporblock stecken. Sofort die Flügel ankleben. Vollständig fest werden lassen.
Das Engelshaar herstellen wie auf Seite 12 beschrieben. Die Karamellfäden noch warm zu 50 kleinen Schleiern verdrehen und auf die Köpfe drapieren.
Mit weißer Schokolade oder etwas Eiweißglasur von Seite 11 die Gesichter gestalten.

Advents-Petit-Fours

MIT MARZIPAN UND PFLAUMEN

Zutaten
für 36 Stück

Für die Sandmasse: 240 g Butter * 150 g Zucker * 300 g Marzipanrohmasse * 50 g Süße Orange (www.eisbluemerl.de) oder Abrieb von 2 Bio-Orangen * 1 Prise Salz * 5 Eier * 90 g Weizenmehl Type 405
Backblech 40 x 30 cm mit Backpapier (Backrahmen, falls vorhanden)
Für die Pflaumenfüllung: 90 g Gelierzucker 3:1 * 250 g gefrorene Pflaumen ohne Stein * 50 g getrocknete Pflaumen * 20 ml Rum * 1 TL Zimt
Für die Eiweißglasur: 5 Eiweiße * 600 g Puderzucker * 2 TL Zitronensaft * 2 TL Zimt
Außerdem: 150 g weiße Schokolade, temperiert (→ S. 9) * 720 g rot eingefärbtes Marzipan * 1 EL helles Marzipan * 100 g Kokosflocken
kleine Spritztüte

Sandmasse: Den Ofen auf 170 Grad Umluft vorheizen. Butter mit Zucker, Marzipan, der »Süßen Orange« und Salz hell-cremig rühren. Die Eier nach und nach dazugeben und kräftig mit aufschlagen. Mehl unterziehen. Die Masse auf dem Blech glatt streichen. Etwa 20 Minuten auf der mittleren Schiene backen. Auf dem Blech auskühlen lassen und anschließend in 3 gleichgroße Teile schneiden.

Pflaumenfüllung: Alle Zutaten in einem Topf 5 Minuten kochen lassen. Dann vom Herd nehmen und noch lauwarm mit einem Stabmixer fein pürieren. Auskühlen lassen.

Zusammensetzen: Den ersten Boden mit der Hälfte der Füllung bestreichen. Den zweiten Boden auflegen und die restliche Füllung darauf verteilen. Den dritten Boden auflegen und mit einem Backpapier bedecken. Die zusammengesetzten Böden mit einem flachen Gewicht, etwa einem Telefonbuch, beschweren und für 2 Stunden leicht pressen. Anschließend in etwa 3 x 3 Zentimeter große Würfel schneiden.

Eiweißglasur: Das Eiweiß mit Puderzucker und Zitronensaft kräftig verrühren, nicht aufschlagen. 3 bis 4 Esslöffel für die Bärte kühl stellen, den Rest mit dem Zimt verrühren. Die Kuchenwürfel mit der Zimtglasur überziehen: Dazu am besten eintauchen, mit der Pralinengabel wieder herausnehmen und auf einem Kuchengitter trocknen lassen.

Absetzen: Die Petit Fours vorsichtig mit einem glatten Messer vom Gitter schneiden und mit der temperierten weißen Schokolade absetzen, also den Boden etwa 5 Millimeter eintauchen. Zum Trocknen auf ein Backpapier setzen.

Deko: Aus dem roten Marzipan 36 Mützen mit Bommel formen, aus dem hellen Marzipan 36 kleine Kugeln für die Nasen.
Die Mützenspitzen für die Bommel in Eiweißglasur und dann in Kokosflocken tunken. Für die Krempen die dicke Seite in die Glasur und anschließend in die Flocken tunken. Die restliche Eiweißglasur kräftig aufschlagen, in eine kleine Spritztüte geben und die Bärte aufgarnieren. Die Mützen schräg aufsetzen und die Nasen in den Bart drücken.

Apfel-Feigen-Stern

MIT WALNÜSSEN UND RUM

Zutaten
für 1 Stück

Für den Apfelansatz: 800 g Äpfel * 120 g Walnüsse * 200 g getrocknete Feigen * 200 g Sultaninen * 1 gehäufter TL Lebkuchengewürz (→ S. 10) * 30 ml Rum * 160 g Zucker
Für den Teig: 360 g Weizenmehl Type 405 * 12 g Backpulver * 1 Prise Salz
1 Sternform à ca. 1600 ml, aus Silikon oder gefettet
Für die Deko: 100 g Johannisbeerkonfitüre * ca. 100 g Mandeln, geschält und halbiert * 1 frische Feige

Apfelansatz: Die Äpfel schälen und fein reiben, die Walnüsse klein hacken, die Feigen in feine Streifen schneiden. Äpfel, Nüsse und Feigen zusammen mit den Sultaninen, dem Lebkuchengewürz, Rum und Zucker in eine Schüssel geben und gut durchmischen. Die Masse über Nacht abgedeckt im Kühlschrank ziehen lassen.

Teig: Am nächsten Tag den Backofen auf 170 Grad Umluft vorheizen. Mehl, Backpulver und Salz gründlich mischen.

Den Apfelansatz sorgfältig mit der Mehl-Mischung vermengen und die Masse in die Sternform füllen. Etwa 45 Minuten backen. In der Form auskühlen lassen, dann auf eine Platte stürzen.

Fertigstellen: Die Konfitüre erhitzen und durch ein feines Sieb streichen. Den ausgekühlten Stern rundum dünn damit bestreichen und sofort mit den Mandeln verzieren. Das Apfel-Feigen-Brot ist sehr saftig und hält in einer Blechdose bis zu 10 Tage. Frische Feigen allerdings nicht. Deswegen werden diese erst vor dem Servieren fein aufgeschnitten und aufgelegt.

Tipp

Aprikotieren – für weihnachtlichen Glanz: Das Bepinseln mit Konfitüre (aller Art) nennt der Konditor Aprikotieren. Es sorgt nicht nur für fruchtigen Geschmack und lässt die Mandeln gut haften, sondern bringt den Stern und auch viele andere Gebäcke schön zum Glänzen.
Außerdem bleiben die Gebäcke durch die fruchtige Schutzschicht auch länger saftig und eine darüber gezogene Eiweißglasur oder glasierter Fondant wird nicht so schnell matt!

Weihnachtssäckchen

MIT LEBKUCHENFÜLLUNG

Zutaten
für 12 Stück

Für die Füllung: 300 g Äpfel (geputzt) * 75 g Marzipanrohmasse * 100 g Elisenlebkuchen * 50 g Zucker * 15 g Lebkuchengewürz (→ S. 10) * 75 g Rosinen * 50 g Mandelstifte * Abrieb von ½ Bio-Zitrone
Außerdem: 1 Pck. fertiger Filo- oder Yuffkateig (250 g) * 150 g Butter, flüssig * etwas Puderzucker
12er Muffinform

Füllung: Die Äpfel schälen, vierteln, entkernen und klein würfeln. Die Marzipanrohmasse und die Elisenlebkuchen ebenfalls in kleine Würfel schneiden. In einer großen Schüssel den Zucker mit dem Lebkuchengewürz mischen, dann alle anderen Zutaten dazugeben und gründlich vermengen.

Füllen: Den Backofen auf 180 Grad Umluft vorheizen. Die Muffinförmchen dünn mit flüssiger Butter auspinseln, dabei nicht die gesamte Butter aufbrauchen.
Den Filoteig in 24 ungefähr 15 x 15 Zentimeter große Quadrate schneiden. Alle Quadrate auf der Arbeitsfläche ausbreiten und dünn mit Butter bepinseln.
Immer je 2 Quadrate um 45 Grad versetzt übereinanderlegen, sodass 12 achteckige Sterne entstehen.
Die Apfelfüllung mittig auf die 12 Teigsterne verteilen. Die Teigspitzen vorsichtig zusammenfassen und die Portionen so zu Säckchen schließen. Diese in die Mulden der Muffinform setzen.

Backen: Die Säckchen vor dem Backen mit dem Rest der flüssigen Butter beträufeln und dann in etwa 25 Minuten auf der mittleren Schiene goldgelb und knusprig backen.
Heiß oder kalt genießen! Vor dem Servieren mit Puderzucker bestäuben.

Tipp

Warum Fertigteig? Der fertige Filoteig hat den Vorteil, dass er sehr dünn ausgerollt und gleichzeitig auch sehr stabil ist, also nicht so weich wie ein selbst gemachter Strudelteig. Man kann ihn gerade für diese kleinen Säckchen hier sehr gut verarbeiten und sie halten nach dem Backen auch ihre Form.

Rund ums Lebkuchenhäuschen

HÜFTGOLD-APPETITHÄPPCHEN UND KÜCHLEIN FÜR DIE ADVENTSZEIT

Anisbobbes

MIT ZITRONENMARZIPAN

Zutaten
für 10 Stück

Für den Teig: 250 g Butter ✶ 125 g Zucker ✶ 1 Ei ✶ 1 Prise Salz ✶ 1 TL Abrieb von 1 Bio-Zitrone ✶ 20 g Anissamen, frisch gemörsert ✶ 375 g Weizenmehl Type 405 ✶ 50 g Speisestärke ✶ 5 g Backpulver
Backblech mit Backpapier
Für die Marzipanfüllung: 200 g Marzipanrohmasse ✶ 50 g Zucker ✶ 35 g weiche Butter ✶ 1 Eigelb ✶ 1 cl Rum ✶ 20 ml Zitronensaft ✶ 40 g Süße Zitrone (www.eisbluemerl.de) oder Abrieb von 2 Bio-Zitronen ✶ 100 g Macadamianüsse, gehackt
Für die Deko: 1 Ei ✶ 80 g Macadamianüsse, gehackt

Teig: Die Butter von Hand mit dem Zucker, dem Ei, Salz, Zitronenabrieb und Anis verkneten. Mehl, Stärke und Backpulver gründlich vermischen, dann zur Buttermischung geben und alles zu einem glatten Mürbeteig kneten. In einer Frischhaltefolie eingewickelt über Nacht im Kühlschrank ziehen lassen.

Füllung: Am Backtag alle Zutaten für die Füllung miteinander verkneten.

Formen: Den Mürbeteig aus dem Kühlschrank holen und kurz durchkneten.
Auf einer bemehlten Arbeitsfläche zu einem etwa 4 Millimeter dicken Rechteck mit 25 x 50 Zentimetern ausrollen.
Die Marzipanfüllung auf dem Mürbeteig verstreichen und nun das Ganze von einer Längsseite her zu einer 50 Zentimeter langen Schnecke rollen. Die Rolle alle 5 Zentimeter vorsichtig durchschneiden.
Das Ei verquirlen. Jedes Stück mit Ei bestreichen und mit der Oberseite in die gehackten Macadamianüsse eintauchen. Die Teiglinge für 30 Minuten in das Tiefkühlfach stellen: So halten sie beim Backen ihre Form besser.

Backen: Den Backofen auf 180 Grad Umluft vorheizen. Die Teiglinge aufrecht stehend auf einem Backblech verteilen und in etwa 15 Minuten goldgelb backen.

Tipp

Vorrat für überraschende Adventsbesucher: Die Teiglinge ungebacken in Frischhaltefolie einwickeln, einfrieren und nach Bedarf backen. Aber auch im gebackenen Zustand halten sich die Bobbes in einer Blechdose aufbewahrt ein paar Tage.

Christbaumkugeln

AUS FLORENTINERMASSE MIT PUFFREIS

Zutaten
für 20 Stück

Für die Florentinermasse: 50 g Sahne ✶ 70 g Butter ✶ 110 g Zucker ✶ 60 g Honig ✶ 20 g Orangeat, fein gehackt ✶ 100 g gehackte Mandeln ✶ 20 g Puffreis
20 Muffinformen oder Ähnliches mit ca. 5 cm Ø, am besten aus Silikon oder gefettet ✶ Backpapier
Für die Deko: ca. 200 g weiße Schokolade, temperiert (→ S. 9) ✶ etwas naturfarbenes Marzipan ✶ essbarer Kupfer- oder Goldpuder

---

Florentinermasse: Den Backofen auf 170 Grad Umluft vorheizen. Sahne, Butter, Zucker, Honig und das Orangeat in einem Topf auf 110 Grad erhitzen. Dann die Mandeln und den Puffreis unterrühren. Sofort in jede der 20 Förmchen je 1 Esslöffel der Mischung geben. Kurz auskühlen lassen, damit sie etwas fester wird, und dann gleichmäßig platt drücken.
Die Masse im Ofen in 8 bis 9 Minuten goldgelb backen. Dann aus dem Ofen nehmen und in der Form etwas auskühlen lassen. Sobald man die Florentiner berühren kann, jeden der Taler zwischen den Handflächen zu einer Kugel rollen. Auf Backpapier vollständig erkalten lassen.

Überziehen: Zum Überziehen werden die Kugeln insgesamt zweimal »in der Hand« in der temperierten weißen Schokolade gerollt: Dazu etwas Schokolade in die Handflächen geben und die Florentiner dazwischen rollen, bis sie rundum dünn überzogen sind. Zum Festwerden auf ein Backpapier legen. Den Schritt nochmals wiederholen.

Verzieren: Aus dem Marzipan eine »Kugelkrone« modellieren und diese mit Kupferpulver abglänzen. Anschließend mit etwas Kuvertüre auf die Kugeln kleben.

Tipp

Für zahnfreundliches Hüftgold: Beim Kochen der Masse die Temperatur unbedingt einhalten und die Florentiner anschließend nicht zu dunkel backen – sonst werden die Kugeln zu sehr harten Plombenziehern!

Tonkapanettone

MIT GEWÜRZEN UND TROCKENFRÜCHTEN

Zutaten
für 2 Stück

Für den Vorteig: 50 ml Milch * 40 g Hefe * 50 g Weizenmehl Type 550
Für den Hauptteig: 500 g Weizenmehl Type 550 * 1 Prise Salz * 150 g Zucker * Mark von ½ Vanilleschote * 150 ml Milch * Abrieb von 1 Bio-Zitrone * 5 Eigelbe * 130 g Butter * 5 g Kardamom, gemahlen * 1 Prise Muskat * ½ Tonkabohne, frisch gerieben * 100 g getrocknete Aprikosen * 50 g Zitronat * 50 g Rosinen
Außerdem: 20 g Butter, flüssig
2 runde Papierformen à 1000 ml (13 cm Ø, 9 cm hoch)

Vorteig: Die Milch lauwarm erhitzen, die Hefe darin auflösen und in einer großen Schüssel mit dem Mehl vermischen. Mit einem feuchten Tuch abdecken und an einem warmen Ort gehen lassen, bis sich der Ansatz vom Volumen her verdoppelt hat.

Hefeteig: Mehl, Salz, Zucker, Vanillemark, Milch, Zitronenabrieb, Eigelb, Butter, Kardamom, Muskat und die frisch geriebene Tonkabohne zum Vorteig geben und mit der Küchenmaschine oder von Hand ungefähr 8 Minuten gut verkneten, bis der Hefeteig geschmeidig ist und die Schüssel von selbst putzt. Das dauert seine Zeit. Nicht voreilig zusätzliches Mehl dazugeben.
Den Teig in Folie gewickelt für mindestens 12 Stunden im Kühlschrank gehen lassen.

Formen: Am nächsten Tag die Aprikosen in dünne Scheiben schneiden und mit dem Zitronat und den Rosinen unter den kalten Hefeteig kneten.
Den fertigen Teig in 2 gleichgroße Portionen aufteilen, zu runden Laiben kneten und in die Papierformen legen. Die Oberfläche mit Frischhaltefolie abdecken und die beiden Panettone in weiteren 3 bis 4 Stunden bei Zimmertemperatur zur doppelten Größe aufgehen lassen.

Fertigstellen: Die Butter schmelzen und die Panettone damit bestreichen. Anschließend mit einer scharfen Klinge, am besten einem sauberen Teppichmesser, ein Kreuz einschneiden.
Die Panettone ohne Vorheizen bei 150 Grad Umluft auf der mittleren Schiene des Backofens in circa 50 Minuten goldbraun backen. Mit Metallformen verlängert sich die Backzeit um ungefähr 10 Minuten.

Tipp

Warum eine so lange Teigführung? Meistens lässt man Hefeteig bei gemütlicher Wärme schnell gehen. Alternativ kann man die Hefe auch über Nacht im Kühlschrank ihre Arbeit tun lassen. Das ist nicht nur praktisch vorzubereiten, sondern vermindert auch die Gefahr des Übergehens: Zum einen wird der Geschmack des Hefeteiges intensiver, zum anderen wird der Teig viel feinporiger. Dadurch trocknet er nach dem Backen auch nicht so schnell aus.

Honigkuchenmännchen

MIT ORANGENMARZIPAN-FÜLLUNG

Zutaten
für 10 Stück

Für den Teig: 150 g Honig ✶ 37 ml Milch ✶ 37 g Zucker ✶ 6 g Natron ✶ 12 ml Wasser ✶ 22 g Butter ✶ 120 g Weizenmehl Type 405 ✶ 120 g Roggenmehl Type 1150 ✶ 6 g Lebkuchengewürz
Ausstechform »Lebkuchenmännchen« ca. 10 x 13 cm ✶ 2 Backbleche mit Backpapier
Für die Marzipanfüllung: 250 g Marzipanrohmasse ✶ 150 g Puderzucker ✶ 15 g Honig ✶ 1 TL Süße Orange (www.eisbluemerl.de) oder Abrieb von 1 Bio-Orange ✶ etwas Grand Marnier
Für die Deko: Milch ✶ Schokotropfen für die Augen ✶ halbe Cranberrys für die Knöpfe

---

Teig: Honig, Milch und Zucker in einem Topf unter Rühren auf 60 Grad erwärmen, sodass sich alle Zutaten zu einer homogenen Masse verbinden. Die Mischung vollständig auskühlen lassen.
Das Natron im Wasser auflösen und zusammen mit den restlichen Zutaten zur Honig-Milch-Mischung geben. Alles zu einem glatten Teig kneten.

Den Teig etwa 3 Millimeter dick zu einem circa 60 x 40 Zentimeter großen Rechteck ausrollen. Die Platte dünn mit Wasser besprühen oder bepinseln und anschließend in 2 gleich große Hälften schneiden.

Marzipanmasse: Alle Zutaten verkneten.

Formen: Den Backofen auf 180 Grad Umluft vorheizen. Die Marzipanmasse auf eine der Teigplatten streichen. Die zweite Teigplatte auf das Marzipan legen.
Möglichst dicht an dicht die Männchen ausstechen. Anschließend auf ein Blech mit Backpapier legen und mit etwas Milch bepinseln. Dann mit Schokotropfen und Cranberrys Augen und Knöpfe gestalten.

Backen: Die gefüllten Lebkuchenmännchen für etwa 15 Minuten backen und anschließend auf dem Blech auskühlen lassen. In einer Blechdose halten sie bis zu 3 Wochen.

Tipp

Restloser Genuss: Die Teigreste wieder zusammenkneten, ausrollen und beispielsweise als Christbaumschmuck mit Aufhängeloch ausstechen.

Lebkuchenwelle

MIT ROTWEINKIRSCHEN UND ZIMTBUTTERCREME

Zutaten
für 1 Kuchen

Für den Boden: 700 g gefrorene Sauerkirschen, entsteint * 200 ml Rotwein * 250 g Zartbitterkuvertüre * 250 g Butter * 6 Eier * 350 g Zucker * 1 Prise Salz * 150 g Weizenmehl Type 405 * 100 g Haselnüsse, fein gemahlen * 50 g Walnüsse, fein gemahlen * 20 g stark entöltes Kakaopulver * 10 g Lebkuchengewürz (→ S. 10)
eckige Springform oder Backrahmen 36 x 25 cm, Boden mit Backpapier ausgelegt, Ränder gefettet
Für die Buttercreme: 600 ml Milch * 150 g Zucker * Mark von 1 Vanilleschote * 1 Prise Salz * 1 TL Zimt * 4 Eigelbe * 75 g Speisestärke * 150 g Butter
Für die Überzugsganache: 90 g Sahne * 170 g Zartbitterkuvertüre * 100 g Nougat

---

Boden: Die gefrorenen Kirschen mit dem Rotwein in einem Topf 20 Minuten offen auf etwa die Hälfte einkochen lassen. Auskühlen lassen. Die Kirschen erst kurz vor dem Verwenden abseihen. Den Saft einfach für Winterpunsch verwenden.
Die Zartbitterkuvertüre mit der Butter über dem Wasserbad schmelzen und dann handwarm abkühlen lassen. Den Backofen auf 180 Grad Umluft vorheizen.
Die Eier mit Zucker und Salz schaumig rühren. Das Mehl mit den Nüssen, dem Kakao und dem Lebkuchengewürz vermischen und bereitstellen. Die Kuvertüre-Butter-Mischung unter die Eier rühren und anschließend die Mehlmischung unterheben. Die Masse in die Form einfüllen. Die abgeseihten Kirschen gleichmäßig darauf verteilen und ganz leicht in die Masse drücken. Für circa 40 Minuten auf der mittleren Schiene backen und dann in der Form auskühlen lassen.

Zimtbuttercreme: 500 Milliliter der Milch mit dem Zucker und den Gewürzen in einem Topf zum Kochen bringen. Die restlichen 100 Milliliter Milch mit den Eigelben und der Stärke glatt rühren. Diese Mischung unter ständigem Rühren in die kochende Milch einlaufen lassen. Kurz aufkochen lassen, bis die Mischung eindickt.
Den Pudding in eine Schüssel geben, direkt auf der Oberfläche mit Frischhaltefolie abdecken, damit sich keine Haut bildet, und im Kühlschrank auskühlen lassen.
Die Butter hell-cremig mixen. Dann zügig, aber mit langsamen und vorsichtigen Bewegungen den Vanillepudding unterziehen.
Die Zimtbuttercreme gleichmäßig auf dem Boden in der Form verstreichen. Den Kuchen für mindestens 2 Stunden kalt stellen.

Überzugsganache: Die Sahne zum Kochen bringen. Kuvertüre und Nougat in eine Schüssel geben und unter langsamem Rühren mit der heißen Sahne übergießen, sodass eine glatte Ganache entsteht.
Kurz auskühlen lassen, dann auf der Zimtbuttercreme verstreichen. Kurz bevor die Glasur fest wird, mit einem gezackten Spachtel das typische Wellenmuster ziehen.

Alle Jahre wieder ...

Meine Heimatstadt Nürnberg ist weltberühmt für den Christkindlesmarkt. Da duftet es an allen Ecken nach gebrannten Mandeln, Glühwein und Lebkuchen.

Weihnachten liegt in der Luft

Auch wenn ich den Christkindlesmarkt alljährlich direkt vor der Nase habe, ist er immer ein inspirierendes Fest für mich! In den Wochen vor Weihnachten ist zwar viel zu tun, trotzdem nehme ich mir immer wieder gerne Zeit für einen ausgedehnten Bummel mit der Familie. Dabei kam ich auch auf die Christkindle-Cake-Pops von Seite 25.

Süßes Adventsbasteln

Ich war schon als Kind immer der Praktiker, der lieber mit den Händen was erschaffen oder gebaut hat. Diese Liebe zum Gestalten kann ich rund um Weihnachten ganz besonders ausleben. Ob Lebkuchenmännchen, Nikoläuse, Cake-Pop-Engel oder Dominosteine im Adventskerzen-Look. Basteln Sie doch für oder mit Ihren Lieben Ihren Nikolaussack dieses Jahr selbst.

»Lassen Sie den Nikolaus dieses Jahr doch einfach mal in Form der Petit Fours von Seite 27 kommen!«

Weiße Lebkuchen

MIT PFEFFER UND LIMETTE

Zutaten
für 12 Stück

Für die Masse: 3 Eier ✶ 225 g Puderzucker ✶ 1 Prise Salz ✶ 50 g Orangeat, fein gehackt oder durchgedreht ✶ 20 g Honig ✶ Abrieb von 4 Bio-Limetten ✶ 2 TL Pfeffermischung (weiß, grün, schwarz und rosa Beeren), frisch gemörsert ✶ 260 g Weizenmehl Type 550 ✶ 40 g Haselnüsse, gemahlen ✶ 40 g Walnüsse, gemahlen ✶ 8 g Lebkuchengewürz (→ S. 10) ✶ 3 g Hirschhornsalz
Außerdem: 12 eckige Oblaten 8 x 13 cm ✶ 200 g weiße Schokolade, temperiert (→ S. 9) ✶ Abrieb von 1 Bio-Limette und noch etwas Pfeffermischung zum Dekorieren
Backblech mit Backpapier

Masse: Die Eier mit Puderzucker und Salz in einer großen Rührschüssel über dem Wasserbad unter langsamem Rühren mit einem Spatel auf 35 Grad erhitzen. Die Schüssel anschließend vom Wasserbad nehmen und langsam das Orangeat, den Honig, den Limettenabrieb und den Pfeffer unterrühren. Das Mehl gründlich mit den Nüssen, dem Lebkuchengewürz und dem Hirschhornsalz vermischen und dann unter die Eier-Honig-Masse rühren. Die Mischung danach mit den Händen kurz zu einer gut bindenden Masse verkneten. Anschließend 10 Minuten abgedeckt ruhen lassen.

Formen: Auf jede Oblate 70 Gramm (etwa 5 Esslöffel) der Lebkuchenmasse geben und mithilfe einer Palette eckig und leicht kuppelförmig aufstreichen. Die Lebkuchen anschließend für mindestens 24 Stunden in der Küche trocknen lassen.

Backen: Den Backofen auf 160 Grad Umluft vorheizen. Die Lebkuchen auf einem Backblech im unteren Drittel des Ofens circa 13 Minuten backen. Auf einem Kuchengitter auskühlen lassen.

Verzieren: Die vollständig ausgekühlten Lebkuchen mit der temperierten weißen Schokolade bestreichen und sofort mit etwas Limettenabrieb und Pfeffer bestreuen.

Tipp

Das Trocknen der Lebkuchen ist sehr wichtig. Ist der Teig nicht trocken genug, dann reißt die Oberfläche auf und der Lebkuchen hat nach dem Backen keine schöne Form mehr. Die Dauer kann je nach Raumtemperatur und Raumklima auch sehr stark schwanken. Um auf Nummer sicher zu gehen, am besten einfach einen Lebkuchen zur Probe backen.

Lebkuchen-Eiskonfekt

MIT NOUGAT UND HASELNUSSKROKANT

Zutaten
für 50 Stück

Für die Parfaitmasse: 100 g Elisenlebkuchen * 3 Eier * 20 g Zucker * 1 kleine Prise Salz * 50 g Nougat * 50 g Zartbitterkuvertüre * 250 g Sahne * 30 g Haselnusskrokant
Spritzbeutel mit Lochtülle 10 mm Ø * Mini-Silikonförmchen mit 50 Mulden à 10 ml * 25 Lollistiele, halbiert
Für die Deko: 150 g Zartbitterkuvertüre, klein gehackt * 20 g gehärtetes Kokosfett
Back- und Pergamentpapier

Parfaitmasse: Die Elisenlebkuchen sehr klein würfeln und beiseitestellen. Die Eier mit Zucker und Salz über dem Wasserbad mit dem Schneebesen aufschlagen und dabei auf 80 Grad erwärmen. Im Anschluss in der Küchenmaschine kalt und schaumig schlagen. Den Nougat und die Zartbitterkuvertüre vorsichtig über dem Wasserbad schmelzen. Anschließend etwas abkühlen lassen. Währenddessen die Sahne halbfest aufschlagen. Die handwarme Nougatmischung behutsam unter die Eiermasse rühren. Die klein gehackten Elisenlebkuchen mit dem Haselnusskrokant mischen und unter die Eier-Nougat-Masse ziehen. Zum Schluss die weich geschlagene Sahne unter die Masse heben.

Formen: Die Parfaitmasse mit einem Spritzbeutel mit Lochtülle in die Silikonförmchen füllen. Die Formen sorgfältig mit Frischhaltefolie abdecken, damit keine Haut entsteht, und für 3 bis 4 Stunden gefrieren lassen.
Die gut angefrorenen Mini-Parfaits aus den Förmchen lösen, auf ein Tablett mit Backpapier ausbreiten und in jedes senkrecht einen halben Lollistiel stecken. Die Eis-Pops zum vollständigen Gefrieren auf dem Tablett in das Frostfach geben.

Überziehen: Für die Fettglasur die Kuvertüre mit dem Kokosfett über dem Wasserbad schmelzen und auf circa 45 Grad erhitzen. Die gefrorenen Parfaits in die Fettglasur tauchen, wieder auf ein Tablett mit Backpapier geben und sofort zurück in das Frostfach stellen. Sobald die Glasur fest geworden ist, können die Eispralinen mit Pergamentpapier getrennt in eine Gefrierbox geschichtet werden und bis zu 4 Wochen im Gefrierfach aufbewahrt werden.
Das Konfekt direkt vor dem Verzehr aus dem Gefrierfach nehmen.

Tipp

Schön cremig: Für das Parfait und Eis schlage ich die Sahne nur ganz leicht und weich, nicht so fest wie für eine Torte. Dadurch wird das Parfait cremiger.

Cranberrystollen

MIT PISTAZIENMARZIPAN

Zutaten
für 1 Stück

Für den Fruchtansatz: 350 g Cranberrys ✶ 50 ml Orangensaft ✶ 50 ml Kirschwasser
Für das Pistazienmarzipan: 50 g Pistazien, klein gehackt ✶ 50 ml Kirschwasser ✶ 200 g Marzipanrohmasse
Für den Vorteig: 100 ml Milch ✶ 50 g Hefe ✶ 125 g Weizenmehl Type 405
Für den Hauptteig: 375 g Weizenmehl Type 405 ✶ 60 g Zucker ✶ 1 Ei ✶ 250 g Butter ✶ 6 g Salz ✶ 3 g Stollengewürz ✶ Abrieb von 1 Bio-Zitrone ✶ Mark von ½ Vanilleschote ✶ 50 g Pistazien, grob gehackt ✶ 30 g Weizenmehl Type 405
Kastenform 30 cm, gefettet
Zum Verzieren: 1 Eiweiß ✶ 100 g Puderzucker ✶ 20 g Pistazien, fein gehackt

---

Fruchtansatz: Die Cranberrys mit dem Orangensaft und dem Kirschwasser mischen und gut verschlossen mindestens über Nacht bei Raumtemperatur ziehen lassen.

Pistazienmarzipan: Die Pistazien und das Kirschwasser mit einem Pürierstab fein mixen und dann von Hand mit der Marzipanrohmasse verkneten. Bereitstellen, aber nicht in den Kühlschrank geben!

Vorteig: Die Milch lauwarm erhitzen und die Hefe darin auflösen. In einer Schüssel mit dem Mehl vermischen. Mit einem feuchten Tuch abdecken und an einem warmen Ort gehen lassen, bis sich der Ansatz vom Volumen her verdoppelt hat.

Hauptteig: Alle weiteren Zutaten außer den Pistazien und den 30 Gramm Mehl zum Vorteig geben und mit der Küchenmaschine oder von Hand geduldig zu einem glatten, geschmeidigen Hefeteig kneten. Es dauert 5 bis 8 Minuten, bis er schön elastisch ist und die Schüssel putzt. Nur nicht voreilig zusätzliches Mehl zugeben, das macht den Teig sonst zu fest.
Den Teig abgedeckt für 1 weitere Stunde an einem warmen Ort gehen lassen. Anschließend die eingelegten Cranberrys mit den 30 Gramm Mehl vermischen und mit den Pistazien vorsichtig unter den Teig kneten.

Formen: Den Teig zu einem Rechteck von 30 x 50 Zentimetern ausrollen. Das Pistazienmarzipan mit einer Palette gleichmäßig auf der gesamten Teigplatte verstreichen.
Den Hefeteig von einer kurzen Kante her zu einem Stollen aufrollen und in die Kastenform geben. Abgedeckt nochmals 30 Minuten gehen lassen.
Den Backofen rechtzeitig auf 170 Grad Umluft vorheizen. Den Stollen etwa 60 Minuten backen. Vollständig in der Form auskühlen lassen, dann in Frischhaltefolie wickeln und vor dem Servieren mindestens 2 Tage durchziehen lassen.

Deko: Vor dem Servieren Eiweiß und Puderzucker kräftig verrühren, bis eine dickflüssige Glasur entstanden ist. Den Stollen damit bestreichen und sofort mit gehackten Pistazien garnieren. Trocknen lassen.

Dominosteine

MIT ROTWEINGELEE UND MARZIPAN

Zutaten
für 48 Stück

Für den Honigkuchenteig: 75 g Honig ✶ 20 ml Milch ✶ 20 g Zucker ✶ 3 g Natron ✶ 5 ml Wasser ✶ 10 g Butter ✶ 60 g Weizenmehl Type 405 ✶ 60 g Roggenmehl Type 1150 ✶ 3 g Lebkuchengewürz (→ S. 10)
Backrahmen 25 x 20 cm, auf einem Blech mit Backpapier
Für das Gelee: 300 ml Rotwein ✶ 40 ml Gewürzessenz (→ S. 10) ✶ 200 g Zucker ✶ 12,5 g Gelfix Extra 2:1
Für das Marzipan: 225 g Marzipanrohmasse ✶ 130 g Puderzucker + etwas zum Ausrollen ✶ 20 ml Myer's Rum ✶ 10 ml Southern Comfort
Zum Überziehen: 800 g Zartbitterkuvertüre, temperiert (→ S. 9)
Für die Deko: 240 g rotes Marzipan ✶ 48 Mandelstifte ✶ 100 g gelbes Marzipan ✶ 100 g naturfarbenes Marzipan ✶ etwas Eiweißglasur (→ S. 11)
Sternausstecher ca. 2 cm Ø

Honigkuchenteig: Honig, Milch und Zucker in einem Topf unter langsamem Rühren auf 60 Grad erwärmen. Die Masse vollständig abkühlen lassen.
Den Backofen auf 170 Grad Umluft vorheizen. Natron im Wasser auflösen und mit den restlichen Zutaten zur Honig-Mischung geben. Zu einem glatten Teig verkneten. Auf Rahmengröße ausrollen und hineinlegen. Dünn mit Wasser bepinseln und auf der mittleren Schiene für etwa 15 Minuten backen. Im Rahmen ohne zu lösen auskühlen lassen.

Gelee: Alle Zutaten in einem Topf unter ständigem Rühren aufkochen. Etwa 4 Minuten köcheln lassen, anschließend heiß direkt auf den Honigkuchenteig im Rahmen gießen. Vollständig auskühlen lassen.

Marzipan: Alle Zutaten mit der Hand verkneten. Zwischen 2 großzügig mit Puderzucker bestreuten Backpapierabschnitten auf die Rahmengröße ausrollen und auf das fest gewordene Gelee legen.

Formen: Den Rahmen lösen und die Ränder dünn abschneiden. Mit einem langen, scharfen Messer 48 etwa 3 x 3 Zentimeter große Würfel schneiden (längs 6 lange Bahnen schneiden, diese dann in je 8 Würfel teilen).

Überziehen: Die Dominosteine in die temperierte Kuvertüre tauchen, mit einer (Pralinen-)Gabel herausheben, kurz auf einem Kuchengitter abtropfen lassen und zum Festwerden auf ein Backpapier setzen. Siehe dazu auch den Tipp auf Seite 92.

Kerzendeko: Das rote Marzipan in 12 Portionen teilen. Jede zu einer 12 Zentimeter langen Stange rollen und anschließend in 4 »Kerzen« schneiden. Jede Kerze bekommt einen Mandelstift als Docht. Aus dem gelben Marzipan Flammen formen und aufstecken. Das helle Marzipan 2 Millimeter dünn ausrollen und 48 Sterne ausstechen. Mit Eiweißglasur die Sterne und Kerzen auf den Dominosteinen fixieren.

Lebkuchentiramisu

MIT AMARETTINICRUMBLE

Zutaten
für 12 Portionen

Für die Biskuitbrösel: 3 Eigelbe * 15 g Zucker * 3 Eiweiße * 50 g Zucker * 1 Prise Salz * 40 g Weizenmehl Type 405 * 30 g Speisestärke * 10 g Lebkuchengewürz (→ S. 10) * 80 g Amarettini
Backblech mit Backpapier
Für die Mascarponecreme: 80 g Sahne * 3 Eigelbe * 50 g Zucker * 1 Prise Salz * 400 g Mascarpone
Für die Tränke: 120 ml kalter Espresso * 30 ml Amaretto * 30 ml Rum
Außerdem: 12 Gläser à 160 ml

Biskuitbrösel: Den Backofen auf 180 Grad Umluft vorheizen. Die Eigelbe und die 15 Gramm Zucker mit einem Schneebesen leicht aufschlagen. Die Eiweiße in einer separaten Schüssel mit den 50 Gramm Zucker und dem Salz zu einem steifen Schnee schlagen. Diesen vorsichtig unter das Eigelb heben.
Mehl, Speisestärke und das Lebkuchengewürz gründlich mischen und unter die Eiermasse ziehen.
Die Biskuitmasse mit einer Palette gleichmäßig auf das vorbereitete Blech streichen und für etwa 14 Minuten auf der mittleren Schiene des Ofens backen. Die Biskuitplatte auf dem Blech auskühlen lassen. Dann auf ein Gitter stürzen, das Backpapier abziehen und den Biskuit 2 bis 3 Stunden trocknen lassen. Anschließend fein in eine Schüssel bröseln. Die Amarettini in einem Gefrierbeutel zerstoßen und mit den Biskuitbröseln mischen.

Mascarponecreme: Die Sahne steif schlagen. Die Eigelbe mit Zucker und Salz in einer Schüssel mit dem Schneebesen verquirlen und unter beständigem Weiterschlagen über dem Wasserbad auf etwa 80 Grad erhitzen. Anschließend am besten über einem Eiswasserbad wieder kalt schlagen.
Mascarpone und anschließend die Schlagsahne unter die Eicreme ziehen.

Fertigstellen: Alle Zutaten für die Tränke mischen. 1 Drittel der Brösel auf die Gläser verteilen und gleichmäßig mit der Hälfte der Tränke beträufeln. Dann die Hälfte der Mascarponecreme darauf verteilen. Diesen Schritt nochmals wiederholen.
Die restlichen Brösel bilden die oberste Schicht, werden aber nicht mehr getränkt. Vor dem Servieren mindestens 2 Stunden ziehen lassen.

Tipp

Variante: Anstelle der Biskuitbrösel können Sie auch zerbröselte Elisenlebkuchen oder Stollen verwenden.

Weihnachtliche Tortenträume

FESTLICH OPULENTE TORTEN, TARTES UND TÖRTCHEN

Cranberry-Cheesecake

MIT TONKABOHNE UND SPEKULATIUSBODEN

Zutaten
für 1 Kuchen

Für den Boden: 200 g Spekulatiusplätzchen ✶ 50 g zimmerwarme Butter ✶ 100 g Zucker
Für die Cheesecakemasse: 750 g Frischkäse (Doppelrahmstufe) ✶ ½ Tonkabohne, frisch gerieben ✶ 200 g Zucker ✶ 40 g Weizenmehl Type 405 ✶ 100 g Sauerrahm ✶ 3 Eier
Außerdem: 75 g getrocknete Cranberrys Springform 20 cm Ø, gefettet ✶ reichlich Alufolie ✶ tiefe Auflaufform, mindestens 22 x 22 cm

---

Boden: Die Springform außen bis zum oberen Rand in Alufolie einpacken, damit beim Backen im Wasserbad keine Flüssigkeit in die Form gelangt.
Die Spekulatiusplätzchen in der Küchenmaschine oder in einem Gefrierbeutel mit einem Nudelholz fein zerbröseln und mit der weichen Butter und dem Zucker verkneten. Die Masse in die Springform geben und ohne Rand am Boden festdrücken. Für circa 30 Minuten kühl stellen.

Cheesecakemasse: Den Frischkäse mit der geriebenen Tonkabohne in einer Schüssel glatt rühren. Zucker und Mehl gut mischen und anschließend unter den Frischkäse rühren. Dann den Sauerrahm und zum Schluss die Eier einzeln gründlich unterrühren.

Fertigstellen: Den Backofen auf 170 Grad Umluft vorheizen. Die Cranberrys auf dem gekühlten Boden verteilen, anschließend die Käsemasse einfüllen.
Die Form in eine große, tiefe Auflaufform stellen. Diese bis zur halben Höhe der Springform mit warmem Wasser füllen.
Auf der mittleren Schiene des Ofens für circa 90 Minuten backen. Vollständig in der Form abkühlen lassen. Vor dem Servieren mit einem Messer vorsichtig den Rand lösen.

Tipp

Der perfekte Cheesecake: Der Cheesecake hat durch die Verwendung von Frischkäse einen sehr hohen Fettanteil. Deswegen backe ich ihn im Wasserbad, denn nur so fällt er nach dem Backen nicht zusammen. Um Risse in der Oberfläche zu vermeiden, nehme ich den Kuchen außerdem nach circa 60 Minuten Backzeit mehrmals für 5 Minuten mit der Auflaufform aus dem Ofen.
Die getrockneten Cranberrys nehmen übrigens Flüssigkeit auf, sodass ein nässender »Cheesecake im eigenen Saft« hiermit der Vergangenheit angehört. Alternativ funktionieren klein geschnittene Trockenpflaumen.

Winter-Agnes-Torte

MIT ZIMTMANDELN UND KARDAMOM-BUTTERCREME

Zutaten
für 1 Torte

Für die Zimtmandeln: 50 g Zucker * ½ TL Zimt * 80 g ganze Mandeln mit Haut
Backpapier
Für die Baiserböden: 4 Eiweiße * 240 g Zucker * 1 Prise Salz * 10 g Speisestärke
2 Backbleche mit Backpapier, auf der Backpapier-Rückseite je 2 Kreise mit 18 cm Ø zeichnen
Für die Buttercreme: 60 g Zartbitterkuvertüre * 380 g Butter * 1 TL Kardamom, gemahlen * 3 Eier * 150 g Zucker * 1 Prise Salz

---

Zimtmandeln: Zucker und Zimt mischen. Die Mandeln zusammen mit dem Zimtzucker in eine beschichtete Pfanne geben und unter ständigem Rühren so lange erhitzen, bis der Zucker um die Mandeln karamellisiert und goldbraun ist.
Die Mandeln sofort zum Abkühlen auf einem Backpapier verteilen. Nach dem Auskühlen grob hacken.

Baiserböden: Den Backofen auf 80 Grad Umluft vorheizen. Das Eiweiß mit der Hälfte des Zuckers und der Prise Salz steif schlagen. Die zweite Hälfte des Zuckers mit der Speisestärke vermischen und dann langsam unter beständigem Rühren in den Eischnee einrieseln lassen.
Das Baiser auf den vorbereiteten Blechen mit einer Palette zu 4 Böden aufstreichen. Die Hälfte der gehackten Zimtmandeln gleichmäßig auf 3 der Böden verteilen, die restlichen Mandeln für die oberste Schicht auf den vierten Boden streuen.
Die Böden im Backofen bei leicht geöffneter Türe für circa 3 Stunden trocknen lassen. Auf den Blechen auskühlen lassen.

Buttercreme: Die Zartbitterkuvertüre über dem Wasserbad schmelzen, dann handwarm abkühlen lassen. Die Butter mit dem Kardamom hell-cremig schlagen, dann unter beständigem Rühren langsam die aufgelöste Kuvertüre unterlaufen lassen.
Die Eier mit dem Zucker und dem Salz unter ständigem Rühren mit dem Schneebesen über dem Wasserbad auf 50 Grad erhitzen. Anschließend am besten in der Küchenmaschine wieder kalt und dabei sehr schaumig schlagen. Anschließend in die Butter-Schokoladen-Mischung einrühren.

Fertigstellen: Auf den ersten Boden ein Drittel der Creme geben und bis zum Rand verstreichen. Diesen Schritt noch zweimal wiederholen. Zum Abschluss den Boden mit den vielen Mandeln auflegen. Die Torte für mindestens 2 Stunden durchkühlen lassen!

Tipp

Knuspriges Baiser: Nur längeres Trocknen nützt nichts: Das Eiweiß wird mit Zucker im Verhältnis 1:1 aufgeschlagen. Dann kommt nochmal dieselbe Menge Zucker mit zusätzlichen 10 % Speisestärke dazu.

Orangenpunsch-Savarins

MIT GEWÜRZCREME

Zutaten
für 8 Stück

Für den Vorteig: 70 ml Milch * 15 g frische Hefe * 70 g Weizenmehl Type 405
Für den Teig: 50 g Butter * 20 g Zucker * Mark von ½ Vanilleschote * 1 Prise Salz * 1 TL Lebkuchengewürz (→ S. 10) * 2 Eier * 2 Eigelbe * 100 g Weizenmehl Type 405
Spritzbeutel mit großer Lochtülle * 8 Savarinförmchen 10 cm Ø
Für die Tränke: 100 ml frisch gepresster Orangensaft * 100 ml Rum * 240 ml Läuterzucker aus 160 g Zucker + 80 ml Wasser (→ S. 12)
Außerdem: 200 g Aprikosenkonfitüre * Filets von 3 Orangen
Für die Creme: 250 g Butter * 3 Eiweiße * 45 g Zucker * 1 Prise Salz * 40 ml Gewürzessenz (→ S. 10) * 80 g Zucker
Spritzbeutel mit Sterntülle 1 cm Ø

Vorteig: Die Milch lauwarm erhitzen, dann die Hefe darin auflösen. Die Mischung mit dem Mehl verrühren und abgedeckt an einem warmen Ort gehen lassen, bis sie sich vom Volumen her verdoppelt hat.

Hauptteig: Die Butter mit Zucker, Vanillemark, Salz und Lebkuchengewürz hellcremig aufschlagen. Dann die Eier und anschließend die Eigelbe einzeln dazugeben und kräftig mit aufschlagen. Im Anschluss den Vorteig mit dem restlichen Mehl dazugeben und alles zu einem glatten Teig rühren. In einen Spritzbeutel geben und die Savarinformen zu je 2 Dritteln befüllen. 20 Minuten gehen lassen. Den Backofen rechtzeitig auf 200 Grad Ober-/Unterhitze vorheizen. Die Savarins für 15 Minuten backen. In der Form lauwarm abkühlen lassen.

Tränke: Inzwischen die Tränke aus Orangensaft, Rum und Läuterzucker mischen. Die lauwarmen Savarins aus den Formen nehmen und mit einer Schaumkelle in die Tränke tauchen, bis sie ihr Gewicht verdoppelt haben. Auf einem Kuchenblech komplett erkalten lassen.

Aprikotieren: Die Aprikosenkonfitüre aufkochen, durch ein Sieb streichen und die Savarins rundum damit bepinseln. Bei dieser Gelegenheit auch gleich die Orangenfilets für die Deko dünn mit Konfitüre bestreichen, um sie vor dem Austrocknen zu schützen.

Creme: Die Butter hell-cremig aufschlagen. Das Eiweiß mit 45 Gramm Zucker und Salz sehr steif schlagen.
In einem kleinen Topf die Gewürzessenz mit dem restlichen Zucker auf 117 Grad erhitzen. Den heißen Sirup nun in einem dünnen Strahl unter ständigem Rühren in den Eischnee einlaufen lassen und weiter schlagen, bis das Baiser wieder kalt ist. Anschließend vorsichtig unter die aufgeschlagene Butter ziehen.

Fertigstellen: Die Creme in einen Spritzbeutel mit einer großen Sterntülle füllen und zuerst das Loch der Savarins befüllen. Dann jedes Savarin mit Orangenfilets belegen und mit einem dicken Tupfen Creme und den restlichen Filets garnieren.

Birnen-Milchreis-Torte

MIT SPEKULATIUSGEWÜRZ

Zutaten
für 1 Torte

Für den Wiener Boden: 30 g Butter ✶ 3 Eier ✶ 85 g Zucker ✶ 50 g Weizenmehl Type 405 ✶ 25 g Speisestärke ✶ 10 g Kakao
Springform 26 cm Ø, Ränder gefettet, Boden mit Backpapier ausgelegt
Für die Milchreisfüllung: 400 ml Milch ✶ 500 ml Birnensaft ✶ 2 TL Spekulatiusgewürz ✶ 200 g Milchreis ✶ 1 Dose Birnen (580 g Abtropfgewicht) ✶ 4 cl Birnengeist ✶ 5 Blatt Gelatine ✶ 400 g Sahne
50 g Puderzucker
Für die Tränke: 4 cl Birnengeist ✶ 80 ml Birnensaft
Außerdem: 1 Dose halbierte Birnen (580 g Abtropfgewicht) ✶ ca. 250 ml klarer Tortenguss ✶ ca. 50 g Vollmilchspäne
kugelige Schüssel à ca. 3 l, max. 26 cm Ø, mit Frischhaltefolie ausgelegt

---

Wiener Boden: Siehe Anleitung Seite 13. Halbe Menge mit 20 bis 25 Minuten Backzeit.

Milchreis: Milch, Birnensaft und Spekulatiusgewürz in einem großen Topf aufkochen. Den Milchreis dazugeben und in etwa 30 Minuten unter ständigem Rühren bei sanfter Hitze garen. In einer großen Schüssel auskühlen lassen. Die Birnen abtropfen lassen, klein würfeln, mit dem Birnengeist marinieren und unter den Milchreis mischen.

Tränke: Birnengeist und Birnensaft mischen.

Vorbereiten: Unmittelbar vor dem Zusammensetzen der Torte die Gelatine in reichlich kaltem Wasser einweichen. Die Sahne mit dem Puderzucker steif schlagen. Die Gelatine nach Packungsanweisung auflösen und mit einigen Esslöffeln der Schlagsahne verrühren. Die so angeglichene Gelatine nun mit einem Schneebesen zügig unter den Milchreis mischen. Anschließend die restliche Sahne unterheben.

Zusammensetzen: Den Boden einmal durchschneiden. Die Birnenhälften abtropfen lassen und in sehr feine Spalten schneiden.
In der Mitte der vorbereiteten Schüssel beginnend kreisförmig einige Reihen Birnenspalten einlegen, bis sie etwa zur Hälfte ausgekleidet ist. Dabei zwischen den Birnenstücken etwas Luft lassen.
Die Hälfte der Füllung vorsichtig einfüllen und glatt streichen. Einen Boden rundum etwas beschneiden, sodass er, wenn er auf die Reisschicht gelegt wird, nicht die Schüssel berührt. Einlegen und mit der gesamten Tränke beträufeln.
Dann den restlichen Milchreis einfüllen und glatt streichen. Den zweiten Boden bündig mit der Schüsselwand auflegen. Mit Frischhaltefolie bedeckt für mindestens 4 Stunden kalt stellen.

Fertigstellen: Die Torte vor dem Servieren auf eine Platte stürzen, von der Folie befreien und dünn mit Tortenguss übergießen. Den Guss kurz anziehen lassen und dann den unteren Rand rundherum mit Schokospänen absetzen.

Windbeuteltorte

MIT ZIMTMOUSSE

Zutaten
für 1 kleine Torte

Für die Brandmasse: 150 ml Milch ✶ 150 ml Wasser ✶ 90 g Butter ✶ 5 g Zucker ✶ 1 Prise Salz ✶ 1 Prise Muskat ✶ 150 g Weizenmehl Type 405 ✶ 4 Eier
Spritzbeutel mit Lochtülle 10 mm Ø ✶ Backblech mit Backpapier
Für die weiße Zimtmousse: 1 Blatt Gelatine ✶ 20 g Sahne ✶ 1 Eigelb ✶ 1 Ei ✶ ½ TL Zimt ✶ 120 g weiße Schokolade, klein gehackt ✶ 200 g Sahne
Spritzbeutel mit Lochtülle 8 mm Ø
Für die Ganache: 150 g Sahne ✶ 150 g Zartbitterkuvertüre, klein gehackt ✶ 75 g Nougat
Springform 20 cm Ø, Boden mit Backpapier ausgelegt
Für die Deko: etwas essbares Blattgold

Brandmasse: Die Windbeutel zubereiten wie im Grundrezept auf Seite 13 beschrieben.

Zimtmousse: Die Gelatine einweichen. 20 Gramm Sahne mit Eigelb, Ei und Zimt über dem Wasserbad unter ständigem Rühren mit dem Schneebesen auf circa 75 Grad erhitzen. Danach wieder kalt schlagen und bei circa 50 Grad die gut ausgedrückte Gelatine darin auflösen.
Die weiße Schokolade über dem Wasserbad schmelzen. Handwarm abkühlen lassen, dann unter die Eiersahne rühren. Die Mischung auf 20 Grad abkühlen lassen. Inzwischen die 200 Gramm Sahne halbfest aufschlagen. Diese unter die Eiermasse heben und die Mousse für 1 Stunde kalt stellen.

Füllen: Zum Füllen der Windbeutel die Mousse in einen Spritzbeutel mit Lochtülle geben. Die Windbeutel halb aufschneiden und reichlich Mousse einfüllen. Übrige Windbeutel eignen sich für die Deko. Kühl stellen.

Ganache: Die Sahne kurz aufkochen, etwas abkühlen lassen und in einer Schüssel über die gehackte Kuvertüre und den Nougat gießen. Dabei langsam rühren, bis eine glatte Ganache entstanden ist.

Zusammensetzen: Eine Lage Windbeutel in die Springform einlegen. Etwas mehr als ein Viertel der Ganache auf den Windbeuteln verteilen. Diesen Schritt noch zweimal wiederholen, sodass 3 Lagen Windbeutel übereinander liegen. Mit Folie abdecken und leicht pressen. Mindestens 2 Stunden kalt stellen. Die übrige Ganache kühlen.

Deko: Es sollten ein paar gefüllte oder auch ungefüllte Windbeutel übrig bleiben. Wenn die Torte durchgekühlt ist, die restliche Ganache nochmals ganz leicht erwärmen. Den Tortenring entfernen, die Torte mit Ganache begießen und mit den übrigen Windbeuteln und nach Wunsch mit etwas Blattgold dekorieren.

Maronensahne

MIT SCHOKO-HONIG-BODEN

Zutaten
für 10 Portionen

Für das Baiser: 2 Eiweiße * 120 g Zucker * 1 Prise Salz * 10 g Speisestärke
Backblech mit Backpapier
Für den Maronenboden: 3 Eier * 3 Eigelbe * 120 g Honig * 125 g Sahne * 125 g Zartbitterkuvertüre, klein gehackt * 40 g Weizenmehl Type 405 * 50 g blanchierte Maronen, klein gehackt
Backblech mit Backpapier
Für die Maronensahne: 1 Blatt Gelatine * 300 g Sahne * 130 g blanchierte Maronen * 30 g Puderzucker * 15 ml Rum * 20 g Sahne
Für die Tränke: 200 ml Läuterzucker (→ S. 12) * 100 ml Rum
10 Gläschen à 300 ml

Baiser: Den Backofen auf 80 Grad Umluft vorheizen. Das Eiweiß mit der Hälfte des Zuckers und der Prise Salz steif schlagen. Dann den restlichen Zucker mit der Stärke mischen und unter Rühren in den Eischnee einrieseln lassen. Die Masse dünn auf ein Backblech mit Backpapier aufstreichen. Im Backofen für 2 Stunden bei leicht geöffneter Türe trocknen. Auf dem Blech auskühlen lassen. Anschließend mit einem Messer grob hacken.

Boden: Die Eier und die Eigelbe mit dem Honig unter ständigem Rühren mit dem Schneebesen über dem Wasserbad auf 50 Grad erhitzen. Anschließend in der Küchenmaschine wieder kalt und dabei schön schaumig schlagen.

Den Backofen auf 200 Grad Umluft vorheizen. Die Sahne auf 50 Grad erhitzen. In einer Schüssel über die Kuvertüre gießen und rühren, bis eine Ganache entstanden ist. Diese in die Eiermasse rühren. Vorsichtig das Mehl unterheben und die Masse auf das Backblech mit Backpapier streichen. Mit den gehackten Maronen bestreuen und etwa 12 Minuten auf der mittleren Schiene des Ofens backen. Auf dem Blech auskühlen lassen.

Maronensahne: Die Gelatine in kaltem Wasser einweichen. Die 300 Gramm Sahne steif schlagen und kühl stellen.
Die Maronen mit Puderzucker, Rum und der restlichen Sahne pürieren.
Die Gelatine auflösen, mit etwa 2 Esslöffeln Schlagsahne verrühren und dann zügig unter die restliche Sahne mischen. Zum Schluss das Maronenpüree unterheben.

Fertigstellen: 20 Teigkreise entsprechend der Gläschen aus dem Teig ausstechen. Läuterzucker mit Rum mischen.
In jedes Dessertglas einen Boden legen und diese gleichmäßig mit der Hälfte der Tränke beträufeln. Die Hälfte der Maronensahne auf die Gläser verteilen. Diesen Schritt noch einmal wiederholen.
Die Gläschen mit Baisertrümmern auffüllen und für 2 Stunden kalt stellen.

Tipp

Himmlische Deko: Aus dem restlichen Boden noch Sterne für die Deko ausstechen und diese vor dem Servieren auf den Gläschen drapieren.

Geschenktorte

MIT ORANGEN-ZIMT-CREME

Zutaten
für 1 kleine Torte

Für die Orangen-Zimt-Creme: 6 Blatt Gelatine * 300 g Sahne * 300 ml Milch * 6 Eigelbe * 6 g Zimt * Abrieb von 2 Bio-Orangen * 60 g Zucker * 360 g weiße Schokolade, klein gehackt
Für die Böden: 12 Eigelbe * 190 g Marzipanrohmasse * 160 g Weizenmehl Type 405 * 30 g Kakaopulver * 90 g Haselnüsse, gemahlen * 9 Eiweiße * 185 g Zucker * 1 Prise Salz * 45 ml neutrales Speiseöl * 50 g Haselnusskrokant
2 Backbleche mit Backpapier * falls vorhanden Backrahmen 20 x 20 cm
Außerdem: 100 g Aprikosenkonfitüre * ca. 200 g rotes Marzipan

---

Creme: Die Gelatine einweichen. Die Sahne mit der Milch, den Eigelben, Zimt, Orangenabrieb und Zucker unter Rühren mit einem Schneebesen über dem Wasserbad auf 80 Grad erhitzen. Auf circa 50 Grad abkühlen lassen, dann die Gelatine darin auflösen.
Die weiße Schokolade in einer großen Schüssel mit der warmen Sahnemischung übergießen und langsam rühren, bis eine glatte Ganache entstanden ist. Mit Frischhaltefolie abgedeckt für 2 Stunden kühlen.

Böden: Den Backofen auf 190 Grad Umluft vorheizen. Die Eigelbe mit dem Marzipan schaumig schlagen. Das Mehl mit dem Kakao und den Haselnüssen vermischen.
In einer großen Schüssel das Eiweiß mit Zucker und Salz steif schlagen.
Zuerst die Eigelb-Marzipan-Mischung unter den Eischnee heben, dann die Mehlmischung. Zum Schluss das Öl unterziehen.
Die Masse auf 2 Backblechen mit Backpapier glatt streichen und mit dem Krokant bestreuen. Die Böden circa 15 Minuten backen.
Auf dem Blech auskühlen lassen.
Aus jedem Rechteck 2 Quadrate mit 20 x 20 Zentimetern schneiden und die Abschnitte zu einem dritten gleichgroßen Quadrat zusammensetzen. Ergibt 6 Böden.

Zusammensetzen: Arbeiten Sie idealerweise mit einem Backrahmen, notfalls ohne. Die Creme kurz durchrühren. Immer abwechselnd einen Boden einlegen und eine dünne Cremeschicht aus je einem Fünftel der Masse glatt streichen. Die aus Abschnitten zusammengesetzten Böden in die Mitte einbauen. Die Torte mit Frischhaltefolie abgedeckt für mindestens 2 Stunden kühlen.

Fertigstellen: Die Aprikosenkonfitüre aufkochen, durch ein Sieb streichen und die Torte rundum damit einpinseln.
Das Marzipan zu einem großen Quadrat ausrollen und mithilfe einer dünnen Geschenkpapierrolle auf die Torte legen. Die Überstände an den Ecken abschneiden und die Kanten glatt modellieren.

Bratapfeltorte

MIT MARZIPAN UND KARAMELL

Zutaten
für 1 kleine Torte

Für die Böden: 20 g Butter * 4 Eigelbe * 10 g Zucker * 5 Eiweiße * 80 g Zucker * 1 Prise Salz * 40 g Weizenmehl Type 405 * 35 g Speisestärke * 20 g Zimtzucker
2 Backbleche mit Backpapier, auf den Backpapier-Rückseiten je 2 Kreise mit 18 cm Ø zeichnen, alternativ 4 Backringe 18 cm Ø
Für die Creme: 400 g Äpfel * 50 g Zucker * 40 g Butter * Saft von 1 Zitrone * 4 g Quatre-Épices-Gewürz * 100 g Marzipanrohmasse * 200 g Sahne * 4 cl Rum * 60 g Rosinen, in Rum eingelegt * 4 Blatt Gelatine * 400 g Sahne
Außerdem: 100 g Marzipan * ca. 300 g Vollmilchkuvertüre, temperiert (→ S. 9) * 1 Dose Mini-Äpfel * 200 g Zucker
Springform 18 cm Ø

Böden: Den Backofen auf 200 Grad Umluft vorheizen. Die Butter schmelzen, dann wieder etwas abkühlen lassen.
Die Eigelbe mit 10 Gramm Zucker schaumig schlagen. Das Eiweiß mit 80 Gramm Zucker und Salz steif schlagen und unter die Eigelbmasse ziehen. Mehl und Stärke unterheben. Dann die flüssige Butter unterrühren. Die Masse auf den vorbereiteten Backblechen zu 4 Böden aufstreichen. In 12 Minuten goldgelb backen. Sofort mit dem Zimtzucker bestreuen. Vollständig abkühlen lassen.

Creme: Die Äpfel schälen, würfeln und mit Zucker, Butter, Zitronensaft und dem Gewürz in einem kleinen Topf offen köcheln lassen, bis die Flüssigkeit einreduziert ist.
Das Marzipan mit Sahne und Rum vermengen und zu den Äpfeln geben. Für 5 Minuten unter ständigem Rühren weiterkochen, dann in eine Schüssel füllen und die Rosinen dazugeben. Zimmerwarm abkühlen lassen.
Gelatine in kaltem Wasser einweichen. Sahne steif schlagen. Die Gelatine auflösen und zuerst unter einen Teil der Sahne mischen, dann unter die Apfelmasse rühren. Zum Schluss die restliche Sahne unterheben.

Zusammensetzen: Einen Boden in die Springform legen und ein Viertel der Creme darauf glatt streichen. Noch 3 Mal wiederholen. Torte mit Frischhaltefolie abdecken und am besten über Nacht kühl stellen. Marzipan zu einem Kreis mit 18 Zentimetern ausrollen und auf die Torte legen.

Schokoladenschindeln: Die temperierte Kuvertüre etwa 2 Millimeter dünn auf Backpapier aufstreichen. Kurz vor dem Festwerden die Oberfläche mit einer Palette leicht wellig strukturieren. Sofort in circa 4 Zentimeter breite Streifen in Tortenhöhe zuschneiden. Die Torte überlappend mit den abgekühlten Schindeln verkleiden. Bei Bedarf mit temperierter Kuvertüre festkleben.

Verzieren: Mini-Äpfel mit Küchenkrepp abtrocknen. Zucker in einer Pfanne karamellisieren lassen und Äpfel darin wenden. Zum Abkühlen auf Backpapier setzen. Das restliche Karamell wie auf Seite 12 beschrieben zu Zuckerfäden spinnen. Die Torte mit Äpfeln und Karamellfäden dekorieren.

Hüftgold pur

Die Torten sind die Hochkaräter unseres Weihnachtshüftgolds. Natürlich erfordern sie ein bisschen Arbeit – auch später beim Abtrainieren. Sie machen aber auch unglaublich glücklich!

Doppelter Genuss!

Wenn auch nach der Weihnachtsgans und den vielen Plätzchen tiefste Befriedigung herrscht. Ein bisschen Torte geht immer noch. Sie erfordern ein bisschen mehr Zubereitungszeit, dafür schenken Sie ihren Lieben damit aber doppelt Zeit: Ein liebevoll zubereitetes Geschenk und schöne Stunden beim gemeinsamen Essen.

Sweet Table

Arrangieren Sie doch für das Familienfest eine goldene Sweet Table, ein süßes Buffet mit einer großen Torte im Zentrum und kleinen Naschereien drum herum. Ich liebe ja Karamell und Schokolade, mein Ausgangspunkt wäre also die Baumkuchentorte … Suchen Sie sich einfach Ihre Lieblinge aus und verteilen Sie die Rezepte an die Verwandtschaft.

Augenmaß und Handgewicht sind des Konditors erste Pflicht!

Baumkuchentorte

MIT GEBRANNTEN MANDELN

Zutaten
für 1 Torte

Für die gebrannten Mandeln: 100 g ganze Mandeln mit Haut * 60 g Zucker
Backpapier
Für den Kuchen: 320 g Butter * 80 g Zucker * 2 cl Rum * Abrieb von 1 Bio-Zitrone * 1 EL Lebkuchengewürz (→ S. 10) * 90 g Speisestärke * 80 g Marzipanrohmasse * 6 Eigelbe * 6 Eiweiße * 100 g Zucker * 1 Prise Salz * 95 g Weizenmehl Type 405
Springform mit 26 cm Ø, Boden mit Backpapier ausgelegt
Außerdem: 150 g Aprikosenkonfitüre * 220 g Marzipanrohmasse
Für die Überzugsganache: 40 ml Milch * 50 g Sahne * 120 g Zartbitterkuvertüre, klein gehackt * 70 g Nougat

---

Mandeln: Die Mandeln mit dem Zucker in einer Pfanne karamellisieren. Auf Backpapier ausbreiten und abkühlen lassen. Die Hälfte für den Kuchen mit einer Küchenmaschine fein mahlen. Den Rest für die Deko zur Seite legen.

Kuchen: Den Backofengrill auf 250 Grad vorheizen. Die Butter mit 80 Gramm Zucker, Rum, Zitronenabrieb und Lebkuchengewürz hell-cremig rühren. Dann die Speisestärke unterheben. Marzipan und Eigelbe mit der Hand verkneten und anschließend mit der Butter-Stärke-Mischung kräftig aufschlagen. Die Eiweiße mit 100 Gramm Zucker und Salz steif schlagen. Den Eischnee unter die Buttermasse heben. Dann Mehl und gemahlene gebrannte Mandeln unterziehen.

Backen: Für die erste Schicht (und alle weiteren) etwas Masse etwa 2 Millimeter hoch in der Springform glatt streichen. Mit mindestens 20 Zentimetern Abstand zu den Grillstäben backen, bis die Schicht schön braun ist und bei vorsichtigem Druck leicht nachfedert. Dann die nächste Schicht einfüllen und backen. Wiederholen, bis der gesamte Teig verarbeitet ist. Die Baumkuchentorte in der Form komplett auskühlen lassen.

Zuschneiden: Den Backring abnehmen. Den Kuchen mit einem Messer in 6 Stücke einteilen, dabei aber nur am Rand markieren. Anschließend zu einem Sechseck zuschneiden, indem zwischen den Markierungen die Rundungen gerade geschnitten werden. Diese für die Deko zur Seite legen.

Überziehen: Die Konfitüre aufkochen, durch ein Sieb streichen und den Kuchen rundum dünn damit einstreichen.
Das Marzipan 2 Millimeter dünn rund ausrollen und den Kuchen damit komplett eindecken. Die Kanten nachmodellieren und das überstehende Marzipan am Rand unten abschneiden. Die Überzugsganache zubereiten wie auf Seite 17. Die Torte damit komplett überziehen.

Verzieren: Die Baumkuchenreste in Ecken schneiden und mit den restlichen gebrannten Mandeln mittig auf dem Kuchen drapieren.

Nürnberger Burgspitzen

KOKOS-BISKUITROLLE MIT WEISSER SCHOKOLADE

Zutaten
für 1 Roulade

Für den Kokos-Biskuit: 5 Eier ✶ 125 g Zucker ✶ 1 Prise Salz ✶ 65 g Weizenmehl Type 405 ✶ 60 g Speisestärke ✶ 30 g Kokosflocken, ungeröstet
Backblech mit Backpapier
Für die Creme: 200 g Sahne ✶ 50 g Kokosflocken, leicht geröstet ✶ 200 g weiße Schokolade, klein gehackt ✶ 500 g Mascarpone ✶ 4 cl Rum
Außerdem: 250 g Aprikosenkonfitüre (Füllung) ✶ 200 g weiße Schokolade, temperiert (→ S. 9) ✶ 50 g Kokosflocken, geröstet ✶ 150 g Aprikosenkonfitüre (Hülle) ✶ Puderzucker
viel Backpapier

Biskuit: Den Backofen auf 220 Grad Ober-/Unterhitze vorheizen. Die Eier mit Zucker und Salz sehr schaumig schlagen. Mehl und Speisestärke mischen und unterheben.
Die Masse mit einer Palette auf dem Backblech glatt streichen und gleichmäßig mit den Kokosflocken bestreuen. Für etwa 10 Minuten im unteren Drittel des Backofens backen. Sobald der Biskuit leicht Farbe bekommt, aus dem Ofen nehmen und mit dem Backpapier vom Blech ziehen. Mit Backpapier bedecken, damit er beim Abkühlen nicht austrocknet.
Vor der Weiterverarbeitung die Biskuitplatte mithilfe eines zweiten Backblechs umdrehen. Das oben liegende Backpapier abziehen, durch ein frisches ersetzen und erneut wenden. Das obere Backpapier abziehen.

Creme: Die Sahne aufkochen, vom Herd nehmen und die Kokosflocken untermischen. Die gehackte Schokolade in einer Schüssel mit der nur leicht abgekühlten Sahne übergießen und dabei langsam rühren, bis eine glatte Ganache entstanden ist, die nur noch handwarm (30 Grad) ist.
Mascarpone und Rum kurz stark aufschlagen, dann die Ganache hinzugeben und die Mischung für ein paar Minuten kräftig schaumig aufschlagen.

Füllen: 250 Gramm der Aprikosenkonfitüre unregelmäßig auf der Biskuitplatte verteilen. Dann 2 Drittel der Creme gleichmäßig darauf glattstreichen.

Aufrollen: Mithilfe des unteren Backpapiers die Torte von einer langen Seite aus eng zu einer Roulade aufrollen. Mit Backpapier einpacken und mit den Händen gefühlvoll und vorsichtig zu einem Dreieck drücken. Mit dem Papier eingepackt mindestens 1 Stunde zum Durchziehen kühl stellen.

Schokobruch: Die temperierte Schokolade auf Backpapier 1 ½ bis 2 Millimeter dünn aufstreichen. Sofort gleichmäßig mit gerösteten Kokosflocken bestreuen. Fest werden lassen und anschließend zu Platten brechen, die wie Bergspitzen aussehen sollten.

Fertigstellen: Die restliche Mascarponecreme mit den 150 Gramm Aprikosenkonfitüre vermischen und die Roulade rundum damit einstreichen. Zum Schluss die Schokoplatten an den Seiten der Roulade anlegen. Mit Puderzucker abstauben.

Schoko-Honig-Tarte

MIT SESAM-KARAMELL

Zutaten
für 1 Tarte

Für den Mürbeteig: 125 g Weizenmehl Type 405 * 25 g Kakaopulver * 25 g blanchierte Mandeln, gemahlen * 1 Msp. Backpulver * 100 g eiskalte Butter, gewürfelt * 50 g Honig * 1 Eigelb * 1 Prise Salz
Springform 26 cm Ø, Boden mit Backpapier ausgelegt, Rand gefettet * Hülsenfrüchte oder Blindbackkugeln
Für die Füllung: 400 g Sahne * 1 EL Honig * 400 g Zartbitterkuvertüre mit 70 % Kakaoanteil, klein gehackt * 80 g zimmerwarme Butter * Mark von ½ Vanilleschote * 40 g gerösteter Sesam * 10 g Puderzucker * 220 g Dosenmilchkaramell (→ S. 11)
Backblech mit Backpapier
Für die Deko: 150 g Puderzucker * 50 g Sesam * etwas Kakao * etwas Sesam, mit essbarem Silberpulver vermischt
2 Lagen Backpapier

Mürbeteig: Mehl, Kakaopulver, Mandeln und Backpulver mischen und mit den restlichen Zutaten verkneten. Für 30 Minuten in Folie gewickelt kalt stellen. Den Backofen rechtzeitig auf 180 Grad Umluft vorheizen. Den Mürbeteig dünn ausrollen und die Springform so damit auslegen, dass der Rand etwa 3 Zentimeter hoch ist. Backpapier und Hülsenfrüchte einlegen. Circa 15 Minuten blind backen, dann die Hülsenfrüchte entfernen und den Boden in 10 bis 15 Minuten fertig backen. In der Form vollständig abkühlen lassen.

Füllung: Sahne und Honig auf 80 Grad erhitzen – nicht kochen. Etwas abkühlen lassen, in einer Schüssel über die Kuvertüre gießen und langsam rühren, bis diese sich vollständig aufgelöst hat. Zum Schluss mit der weichen Butter und dem Vanillemark zu einer glatten Ganache rühren.
Den Backofen auf 180 Grad Ober-/Unterhitze vorheizen. Den Sesam auf ein Backblech mit Backpapier geben und mit etwas Puderzucker abstauben. Im Backofen für etwa 5 Minuten leicht rösten.
Den Sesam lauwarm mit dem Dosenmilchkaramell vermischen und die Mischung auf dem Mürbeteigboden bis circa 1 Zentimeter vor dem Rand verstreichen.
2 Esslöffel Ganache aufbewahren, den Rest in die Form einfüllen. Für mindestens 2 Stunden kalt stellen.

Sesamkaramell-Rand: Puderzucker in einem Topf unter ständigem Rühren langsam zum Schmelzen bringen. Sobald das Karamell goldgelb wird, den Sesam dazugeben. Die Mischung auf ein Backpapier gießen, mit einem zweiten Backpapier abdecken und mit einem Nudelholz dünn ausrollen. Auskühlen lassen und anschließend für den Rand der Tarte in kleine Stücke brechen. Den Ring der Springform lösen und die Krokantecken mit Ganache an den Tarterand kleben.

Deko: Einen Papiertannenbaum ausschneiden. Das Motiv auf die Tarte legen und diese großzügig mit Kakaopulver abstauben. Das Papier vorsichtig wegnehmen und den Baum mit Christbaumkugeln aus dem Silbersesam »schmücken«.

Ein bisschen mehr Hüftgold

GLÄNZENDE PLÄTZCHEN UND KEKSE

Spekulatius-Pops

MIT PFLAUMEN UND WEISSER SCHOKOLADE

Zutaten
für 30 bis 40 Stück

Für den Teig: 200 g Butter * 300 g Zucker * 5 g Salz * 1 Ei * 50 ml Buttermilch * 500 g Weizenmehl Type 550 * 15 g Spekulatiusgewürz * 2 g Hirschhornsalz
Weihnachtsausstecher nach Wunsch * Backbleche mit Backpapier
Für die Füllung: 150 g Sahne * 1 Prise Zimt * 300 g weiße Schokolade, klein gehackt * 30 g Butter * 50 g getrocknete Pflaumen, sehr klein gehackt
Zum Verzieren: Zartbitterkuvertüre und weiße Schokolade, temperiert (→ S. 9) * Eiweißglasur (→ S. 11) und Lebensmittelfarben nach Belieben
30 bis 40 Cake-Pop-Stiele

Teig: Die Butter mit dem Zucker, dem Salz, dem Ei und der Buttermilch in einer Schüssel gründlich mischen.
Das Mehl mit dem Spekulatiusgewürz und dem Hirschhornsalz vermischen, dann zur Buttermasse geben und alles mit den Händen zu einem glatten Teig verkneten. In Folie gewickelt 30 Minuten kühlen.

Backen: Den Backofen auf 160 Grad Umluft vorheizen. Den gekühlten Teig circa 3 Millimeter dünn ausrollen und möglichst eng die gewünschten Formen ausstechen. Immer eine gerade Anzahl pro Motiv anfertigen. Die Plätzchen mit etwas Abstand auf Bleche verteilen und circa 12 Minuten backen. Sobald sie etwas Farbe bekommen, aus dem Ofen nehmen und auf dem Blech vollständig auskühlen lassen.

Füllung: Die Sahne mit dem Zimt kurz aufkochen, dann leicht abkühlen lassen. Die heiße Sahne in einer Schüssel über die gehackte Schokolade gießen und langsam rühren, bis sie sich vollständig aufgelöst hat. Dann die Butter hinzugeben und weiter rühren, bis eine glatte Ganache entstanden ist.
Zum Schluss die gehackten Pflaumen unter die Ganache rühren. Nicht abkühlen lassen, sondern noch halbfest weiterverarbeiten.

Zusammensetzen: Immer 2 passende Plätzchen an den Unterseiten mit der Ganache zusammenkleben und dabei einen Cake-Pop-Stiel mit einsetzen. Liegend fest werden lassen. Dann können Sie die Spekulatius-Pops nach Belieben verzieren.

Tipp

Feine Säure: Die Buttermilch gibt eine ganz leicht säuerliche Note im Teig, die sehr gut und erfrischend mit der schweren Ganachefüllung harmoniert!

Gefüllter Pflaumentaler

MIT NÜSSEN UND MOHN

Zutaten
für 45 Stück

Für die Mohnmasse: 150 g Butter * 50 g Puderzucker * 1 Prise Salz * 50 g Marzipanrohmasse * Abrieb von ½ Bio-Zitrone * 1 Ei * 160 g Weizenmehl Type 405 * 40 g Graumohn, gemahlen * 45 Macadamia- oder Haselnüsse
Spritzbeutel mit Lochtülle 10 mm Ø * Backbleche mit Backpapier
Für die Füllung: ca. 150 g Pflaumenmus * 2 EL Rum
Spritzbeutel mit Fülltülle 5 mm Ø
Für die Deko: essbares Blattgold nach Belieben

Mohnmasse: Den Backofen auf 160 Grad Umluft vorheizen. Die Butter, den Puderzucker, das Salz, die Marzipanrohmasse und den Zitronenabrieb mit der Küchenmaschine oder dem Handmixer glatt rühren. Das Ei unterrühren und zum Schluss Mehl und Graumohn untermischen.

Formen: Die weiche Masse in einen Spritzbeutel mit großer Lochtülle füllen und mit ausreichend Abstand etwa 3 Zentimeter große Tupfen auf Backbleche dressieren. Alle Tupfen mit etwas Wasser bepinseln. In jedes Plätzchen mittig eine Nuss gut zur Hälfte eindrücken. Das ergibt später die Mulde für die Füllung.

Backen: Die Plätzchen circa 14 Minuten backen, bis sie nur ganz leicht Farbe bekommen. Vollständig auskühlen lassen.

Fertigstellen: Die Nüsse aus den Plätzchen lösen. Das Pflaumenmus mit dem Rum glatt rühren und mithilfe eines Spritzbeutels mit kleiner Lochtülle in die Plätzchen füllen. Nach Wunsch mit Blattgold dekorieren.

Tipp

Nüsseverwertung: Haselnüsse als Platzhalter für die Füllung sind natürlich günstiger. Mit den größeren Macadamianüssen kann man die Plätzchen allerdings später schöner füllen. Für welche Nüsse Sie sich auch entscheiden: Nach dem Backen sind sie geröstet, und was nicht als »Backstudentenfutter« sofort vernascht wird, eignet sich für jedes Rezept, das nach gerösteten Nüssen verlangt. Ich habe die Macadamias anschließend beispielsweise für die Weihnachtsmarmelade von Seite 107 und die Kakaowürfel von Seite 119 verwendet.

Cashew-Plätzchen

MIT ZIMTZUCKER UND KARAMELLISIERTEN KERNEN

Zutaten
für 45 Stück

Für den Teig: 180 g Butter * 50 g Puderzucker * 1 Eigelb * 220 g Weizenmehl Type 550 * 100 g Cashewkerne, gehackt * 1 Prise Salz * 1 TL Zimt
Backblech mit Backpapier
Zum Formen: 70 g Zucker * 5 g Zimt
Für die Deko: 150 g Cashewkerne * 50 g Puderzucker
Backpapier
Außerdem: etwas Vollmilchkuvertüre, temperiert (→ S. 9)

Teig: Butter, Puderzucker und das Eigelb mit der Hand verkneten.
Das Mehl mit den gehackten Cashewkernen, dem Salz und dem Zimt vermischen und anschließend mit der Buttermischung per Hand zu einem glatten Teig verkneten.

Formen: Den Teig in 3 Portionen teilen und zu je einer Rolle mit einem Durchmesser von 2,5 Zentimetern formen.
Zimt und Zucker vermischen, großflächig auf der Arbeitsfläche verteilen und die Teigrollen rundum darin wälzen.
Die Teigrollen für 20 Minuten in das Gefrierfach oder für etwa 1 Stunde in den Kühlschrank legen.

Backen: Den Backofen auf 180 Grad Umluft vorheizen. Die gekühlten Teigrollen in 2 Zentimeter breite Stücke schneiden. Die dicken Scheiben stehend mit etwas Abstand auf ein Backblech mit Backpapier verteilen und in etwa 12 Minuten hell backen. Vollständig auf dem Blech auskühlen lassen.

Deko: Die Cashewkerne mit dem Puderzucker in einen Topf geben und bei mittlerer Hitze unter ständigem Rühren golden karamellisieren lassen.
Zum Auskühlen sofort auf einem Backpapier ausbreiten. Die Kerne mit einem Löffel, aber keinesfalls mit den Fingern trennen. Verbrennungsgefahr!

Fertigstellen: Nach dem Auskühlen auf jedes Plätzchen mit etwas temperierter Kuvertüre einen gebrannten Cashewkern kleben.

Tipp

Karamellisieren: Zum Karamellisieren gibt man Zucker in eine beschichtete Pfanne oder einen Topf. Sollen Nüsse karamellisiert werden, kommen sie gleich mit rein. Bei mittlerer bis starker Hitze beginnt der Zucker zu schmelzen. Dann beständig rühren, bis das Karamell nach Wunsch hell-goldig bis goldbraun wird. Sofort vom Herd nehmen oder, je nach Rezept, ablöschen. Der Karamell wird dabei zuerst hart, löst sich beim Kochen aber wieder vollständig.

Ingwerkipferl

MIT MANDELN UND MATCHA

Zutaten
für ca. 40 Stück

Für den Teig: 2 gestrichene TL Back-Matchapulver ✶ 1 gestrichener TL Ingwerpulver ✶ 60 g Puderzucker ✶ 100 g Butter ✶ 1 Prise Salz ✶ 125 g Weizenmehl Type 550 ✶ 100 g geschälte, gemahlene Mandeln ✶ 1 Eigelb
Backbleche mit Backpapier
Für die Zuckermischung: 5 TL Puderzucker ✶ 1 TL Ingwerpulver ✶ 1 TL Matchapulver

---

Teig: Matcha- und Ingwerpulver mit dem Puderzucker mischen und sieben. Die Mischung in einer Schüssel mit der Butter gründlich verrühren. Die restlichen Zutaten hinzufügen und von Hand zu einem glatten Mürbeteig verkneten.
Den Teig halbieren und zu 2 je 20 Zentimeter langen Stangen rollen. Diese in Frischhaltefolie einwickeln und für mindestens 2 Stunden kühl stellen.

Zuckermischung: Alle Zutaten mischen.

Backen: Den Backofen auf 170 Grad Umluft vorheizen. Jede Teigrolle in 20 gleiche Stücke schneiden und diese in der Hand zu kleinen gebogenen Kipferln rollen.
Die Kipferl mit genügend Abstand auf Backbleche verteilen. Die Plätzchen in circa 15 Minuten backen. Wichtig: Aus dem Ofen nehmen, sobald sie anfangen, Farbe zu bekommen.

Abstauben: Die Plätzchen noch heiß mit der Zuckermischung abstauben und auf dem Blech vollständig abkühlen lassen.

Tipp

Genuss pur: Die Plätzchen sehen so köstlich aus, dass man sie am liebsten sofort essen möchte. 2 bis 3 Tage sollten sie aber dennoch in einer Blechdose ziehen dürfen. Dann sind die feinen Aromen von Matchatee und Ingwer schön durchgezogen und die Kipferl herrlich mürbe. Der Genuss ist perfekt.

Mount Orange Blanc

TEEGEBÄCK MIT PRALINEN-TOPPING

Zutaten
für 45 Stück

Für das Teegebäck: 100 g Butter * 1 Eigelb * 150 g Weizenmehl Type 405 * 50 g Puderzucker * 20 g Orangeat, fein gehackt
runder Ausstecher 2,5 cm Ø * Backblech mit Backpapier
Für den Marzipankern: 100 g Marzipanrohmasse * 20 g Orangeat, sehr fein gehackt * 10 ml Cointreau
Spritzbeutel mit Lochtülle 8 cm Ø
Für die Ganache: 100 g Sahne * Abrieb von 1 Bio-Orange * 300 g Vollmilchkuvertüre, klein gehackt * 40 g zimmerwarme Butter
Spritzbeutel mit Sterntülle 10 cm Ø
Außerdem: 200 g weiße Schokolade, temperiert (→ S. 9) * Puderzucker, Orangenabrieb oder Zuckersterne nach Geschmack

---

Teegebäck: Alle Zutaten zügig mit der Hand zu einem glatten Teig verkneten. 30 Minuten in Folie gewickelt kühlen.
Den Backofen auf 180 Grad Umluft vorheizen. Den Teig 3 Millimeter dünn ausrollen und runde Plätzchen mit etwa 2,5 Zentimetern Durchmesser ausstechen.
Diese mit etwas Abstand auf Backblechen verteilen und in circa 12 Minuten goldgelb backen. Kurz auf dem Blech anziehen lassen, anschließend auf einem Gitter vollständig auskühlen lassen.

Marzipankern: Alle Zutaten mit der Hand verkneten. Mit einem Spritzbeutel kleine Tupfen mittig auf die Plätzchen spritzen.

Ganache: Die Sahne mit dem Orangenabrieb kurz aufkochen. Nur ganz leicht abkühlen lassen, dann in einer Schüssel über die Kuvertüre gießen. Langsam rühren, bis sich die Kuvertüre aufgelöst hat. Dann die Butter unterrühren, bis eine glatte Ganache entstanden ist. Für 1 Stunde kalt stellen.

Fertigstellen: Die gekühlte Ganache kurz kräftig aufschlagen. In einen Spritzbeutel mit großer Sterntülle füllen und große Tupfen über das Marzipan auf den Plätzchen dressieren. Die Plätzchen über Nacht an einem kühlen, trockenen Ort ruhen lassen, damit sie an der Oberfläche leicht abtrocknen.

Verzieren: Mit der temperierten weißen Schokolade überziehen (→ Tipp).
Vor dem Servieren nach Belieben mit Puderzucker, Orangenabrieb oder Zuckerstreugut verzieren. Ich fand zu den weißen »Pralinenbergen« Schneeflocken besonders schön.

Tipp

Pralinen perfekt überziehen: Das Überziehen der Pralinen geht am besten mit einer Pralinengabel und einem Pralinengitter. Dazu die Praline vorsichtig »auf dem Kopf«, also verkehrt herum, in die temperierte Kuvertüre sinken lassen, bis sie bis zur oberen Kante eingetaucht ist. Dann die Praline mit der Pralinengabel wenden und aus der Kuvertüre heben. Auf das Pralinengitter setzen, kurz abtropfen lassen und dann mit der Pralinengabel auf Backpapier umsetzen. Nach dem Trocknen gekühlt lagern.

Nougat-Bäumchen

MIT RUMROSINEN

Zutaten
für ca. 30 Stück

Für die Rumrosinen: 60 Rosinen ✶ 2 cl Rum
Für den Teig: 50 g Butter ✶ 150 g zarte Haferflocken ✶ 60 g Zucker ✶ 1 Prise Salz ✶ 60 g Dinkelmehl Type 630 ✶ 1 Msp. Backpulver ✶ 60 g gemahlene Haselnüsse ✶ 1 Prise Lebkuchengewürz ✶ 1 Ei ✶ 40 ml Milch
Backpapier zum Ausrollen ✶ Sternausstecher 3er-Set ✶ Backbleche mit Backpapier
Zum Fertigstellen: ca. 100 g Nougat ✶ etwas Puderzucker ✶ etwas essbarer Goldstaub
Spritzbeutel mit Lochtülle 5 mm

Rumrosinen: Die Rosinen über Nacht in Rum einlegen. Vor der Weiterverwendung gut abtropfen lassen.

Teig: Den Backofen auf 180 Grad Umluft vorheizen. Die Butter vorsichtig schmelzen und wieder leicht abkühlen lassen. Haferflocken, Zucker, Salz, Dinkelmehl, Backpulver, Haselnüsse und Lebkuchengewürz vermischen. Das Ei, die flüssige Butter und die Milch dazugeben und alles am besten mit der Hand zu einem glatten Teig verkneten. Der Teig kann anschließend gleich weiterverarbeitet werden.

Formen: Den Teig zwischen 2 Backpapieren auf eine Dicke von höchstens 3 Millimetern ausrollen und mit 3 verschieden großen Sternformen jeweils eine gleich große Menge ausstechen. Die Sterne mit etwas Abstand auf Backbleche verteilen und circa 13 Minuten im vorgeheizten Backofen backen, bis sie ganz leicht Farbe bekommen. Achtung: Je kleiner die Sterne, desto kürzer die Backzeit! Die Sterne nach dem Backen auf dem Blech auskühlen lassen.

Zusammensetzen: Den Nougat mit der Hand etwas weich arbeiten und in einen kleinen Spritzbeutel mit Lochtülle füllen. Auf jeden der großen Sterne etwas Nougat spritzen und darauf 2 Rumrosinen geben. Anschließend die mittleren Sterne ganz vorsichtig aufdrücken.
Wieder etwas Nougat in die Mitte spritzen, aber keine Rosinen mehr auflegen, und zuletzt die kleinen Sterne aufsetzen.
Zuerst mit dem Puderzucker und dann mit etwas Goldstaub bestäuben.

Tipp

Die Backzeit versüßen: Besonders zarte Plätzchen haben eine sehr kurze Backzeit, die von Ofen zu Ofen variieren kann. Schaut man einen kurzen Moment zu lange weg, werden sie zu dunkel. Am besten laden Sie Freunde oder Familienmitglieder als »Ofenwächter« in die Backstube ein. Die gemeinsam gezauberten Plätzchen sehen nicht nur super aus, sie schmecken auch doppelt so gut.

Paranuss-Cookies

MIT BESCHWIPSTER MANGO

Zutaten
für 40 Stück

Für den Teig: 50 g getrocknete Mango * 50 ml Southern Comfort * 105 g Butter * 120 g brauner Zucker * 60 g Zucker * 3 g Salz * Mark von ½ Vanilleschote * 175 g Weizenmehl Type 405 * 5 g Backpulver * 100 g Paranüsse, gehackt * 1 Ei * 150 g Zartbitterkuvertüre, klein gehackt
Backbleche mit Backpapier
Für die Deko: etwas weiße Schokolade, temperiert (→ S. 9)
Spritztütchen aus Gefrierbeutel oder kleiner Löffel

Teig: Die getrockneten Mangostücke klein schneiden und in einem Topf mit dem Southern Comfort aufkochen. Vom Herd nehmen und abgedeckt kurz ziehen lassen, bis die Flüssigkeit aufgesaugt wurde.
Die Butter gründlich mit dem braunen Zucker, dem Zucker, Salz und Vanillemark vermengen. Das Mehl mit dem Backpulver und den Nüssen mischen und anschließend mit der Butter-Zucker-Mischung verkneten. Nacheinander das Ei, die Mangostücke und die gehackte Kuvertüre unterkneten.

Formen: Den Teig in 2 Portionen teilen und diese jeweils zu einer 30 Zentimeter langen Stange rollen. Die Rollen in Folie wickeln und für 30 Minuten in das Gefrierfach legen. Den Backofen rechtzeitig auf 180 Grad Umluft vorheizen.
Die Teigrollen in 1,5 Zentimeter breite Stücke schneiden. Die dicken Scheiben mit großzügigem Abstand – die Kekse haben nach dem Backen die doppelte Größe – auf die vorbereiteten Bleche verteilen und in circa 12 Minuten hell backen. Auf dem Blech auskühlen lassen.

Verzieren: Nach dem Auskühlen mit der temperierten weißen Schokolade zu etwa einem Drittel mit feinen Schokolinien überspinnen. Am besten geht das mit einem kleinen Spritztütchen oder einem an einer Ecke klein angeschnittenen Gefrierbeutel!

Tipp

Variante für Kinder: Wenn Sie die Cookies für Kinder backen möchten, kochen Sie die Mango einfach in Orangensaft. Sie können die Paranüsse natürlich auch durch andere Nüsse oder Mandeln ersetzen.

Amarenaküsschen

MIT WALNÜSSEN, ZIMT UND VANILLE

Zutaten
für ca. 50 Stück

Für die Masse: 4 Eiweiße * 120 g Zucker * 1 Prise Salz * 120 g Walnüsse, grob gehackt * 50 g Amarenakirschen, fein gehackt * Mark von ½ Vanilleschote
Außerdem: etwas Zimtpulver
2 Backbleche mit Backpapier

Baiser: Das Eiweiß »warm schlagen«, also mit dem Zucker und der Prise Salz über dem Wasserbad unter ständigem Rühren mit dem Schneebesen auf circa 50 Grad erhitzen. In der Küchenmaschine wieder kalt und zu einem sehr festen Eischnee schlagen.
Den Backofen auf 100 Grad Umluft vorheizen. Die Walnüsse mit den Amarenakirschen und dem Vanillemark mischen und vorsichtig unter den Eischnee heben.

Fertigstellen: Mit 2 Esslöffeln Nocken aus dem Baiser stechen und mit etwas Abstand auf den Backblechen verteilen. Die Küsschen mit dem Zimt bestäuben und für 2 Stunden bei ganz leicht geöffneter Ofentür trocknen. Danach trocken lagern.

Tipp

Eischneegestöber in der Küche: Baiser wird, je nach Verwendung, gekocht, heiß oder kalt geschlagen. Stets arbeitet man dabei mit Kristallzucker. Für eine »Italienische Buttercreme« etwa wird der Zucker mit etwas Wasser gekocht und dann heiß dem geschlagenen Eiweiß zugegeben. Dieses »gekochte Baiser« ist sehr stabil.

Hier bei den Amarenaküsschen wird das Eiweiß mit dem Zucker beim Aufschlagen erwärmt. Das hat den Vorteil, dass sich der Zucker gleich auflöst und das »heiß geschlagene Baiser« für die Trockenphase im Ofen schön stabil bleibt.

Bei Baiser als süße Haube für einen Kuchen wird das Eiweiß mit Zucker im Verhältnis 1:1 »kalt aufgeschlagen« und dann nochmal die gleiche Menge Zucker für Stabilität beim kurzen Trocknen im Ofen dazugegeben.

Feuriger Zimtstern

MIT CHILI UND HASELNÜSSEN

Zutaten
für ca. 40 Stück

Für den Teig: 300 g gemahlene Haselnüsse ✶ 200 g Puderzucker ✶ 10 g Zimt ✶ 1 Prise Salz ✶ Abrieb von 1 Bio-Zitrone ✶ 2 Eiweiße ✶ 20 Tropfen Tabasco ✶ 2 gehäufte TL Chiliflocken
Für die Eiweißglasur: 2 Eiweiße ✶ 180 g Puderzucker
Zum Formen: ca. 50 g gemahlene Haselnüsse (zum Arbeiten) ✶ ca. 50 g gemahlene Haselnüsse (2. Ausrollen)
kleiner Sternausstecher ✶ Backpapier zum Ausrollen ✶ Backbleche mit Backpapier
Für die Deko: Chilifäden und Marzipan-Goldsterne nach Geschmack

---

Teig: Alle Zutaten in einer Schüssel zu einem gut bindenden Teig verkneten. Er sollte feucht, aber nicht mehr allzu klebrig sein.

Eiweißglasur: Das Eiweiß mit dem Puderzucker gute 10 Minuten kräftig zu einem feinporigen, festen Schnee aufschlagen.

Formen: Den Backofen auf 160 Grad Umluft vorheizen. Den Teig zwischen 2 Bögen Backpapier 1 Zentimeter dick ausrollen.
Die Arbeitsfläche mit gemahlenen Haselnüssen bestreuen. Das obere Backpapier vom Teig ziehen und die Teigplatte zum Ausstechen auf die bestreute Arbeitsfläche stürzen. Das 2. Backpapier ebenfalls abziehen. Gut die Hälfte der Eiweißglasur circa 2 Millimeter dick auf den Teig aufstreichen. Mit dem Ausstecher eng die Sterne ausstechen und diese mit etwas Abstand auf Backblechen verteilen.

2. Formen: Den Restteig mit etwa 50 Gramm Haselnüssen wieder zu einem festen Teig verkneten und nochmals ausrollen wie zuvor. Mit der restlichen Glasur bestreichen und ausstechen. (Die Teigreste verkneten, zu kleinen Kugeln formen und als Nascherei für zwischendurch wie die Sterne backen.)
Die Sterne im unteren Drittel des Ofens für circa 12 Minuten backen. Sobald das Eiweiß anfängt, Farbe zu bekommen, die Zimtsterne aus dem Ofen nehmen und auf dem Blech auskühlen lassen.
Vor dem Servieren nach Geschmack mit Chilifäden und Marzipansternen garnieren.

Tipp

Das Kreuz mit den Zimtsternen: Alle lieben sie, aber fast keiner macht sie gerne, weil es bei vielen jedes Mal in eine klebrige Katastrophe ausartet …
Mein Tipp: Je nachdem wie fein die Haselnüsse gerieben sind, kann die benötigte Menge stark variieren. Am besten die Nüsse in mehreren Portionen einarbeiten, nach Bedarf etwas weniger oder mehr. Also immer Haselnuss-Reserven bereithalten. Vor Weihnachten kann man ohnehin nie genug Nüsse bunkern.

Mit Liebe gemacht

HÜFTGOLDPRALINEN, NASCHWERK UND SÜSSES ZUM VERSCHENKEN

Gewürz-Schneeballen

MIT ZIMTZUCKER

Zutaten
für 10 Stück

Für den Teig: 120 g Puderzucker * 10 g Lebkuchengewürz (→ S. 10) * 600 g Weizenmehl Type 550 * 30 g Butter * 5 Eier * Mark von 1 Vanilleschote * 1 Prise Salz
Außerdem: 5 TL Puderzucker * 1 TL Zimt 1 saubere 850-ml-Blechdose (z. B. von Obst), Deckel und Boden ausgeschnitten * Fritteuse mit Pflanzenfett * Zange

---

Schneeballen: Den Puderzucker mit dem Lebkuchengewürz mischen und sieben. Anschließend mit den restlichen Zutaten rasch zu einem festen und glatten Teig verkneten. Den Teig in Frischhaltefolie gewickelt 30 Minuten bei Zimmertemperatur ruhen lassen.
Eine Fritteuse so befüllen, dass die Dose im Frittierkorb bis zur Hälfte im Fett steht. Auf 175 Grad aufheizen. Die Dose einsetzen.

Formen: Den Teig in 10 gleich große Kugeln portionieren. Jeweils zu einem Kreis mit etwa 25 Zentimetern Durchmesser ausrollen. Für einen Schneeballen einen Kreis mit einem scharfen Messer in etwa 2 Zentimeter breite Streifen schneiden, dabei jedoch rundherum einen durchgehenden Rand von 2 Zentimetern stehen lassen. Nun mit einem Holzkochlöffelstiel nacheinander jeden zweiten Teigstreifen aufnehmen. Wenn der Teig mit dem Kochlöffel von der Arbeitsfläche angehoben wird, hängen die losen Streifen durch, es entsteht eine Art schlaffe Teiggitter-Kugel.

Backen: Den Teig mit einer leichten Drehbewegung vom Löffelstiel in die in der heißen Fritteuse stehende Dose gleiten lassen. Die Dose mit dem Teig nach 1 Minute mithilfe zweier Holzstäbchen umdrehen. Eine weitere Minute backen. Die heiße Dose mithilfe einer Zange aus dem Fett nehmen und den Schneeballen noch eine weitere Minute lose fertig backen. Auf einem Gitter abtropfen und vollständig auskühlen lassen. Auf diese Weise alle Schneeballen backen.
In einer Blechdose halten sie bis zu 20 Tage.

Servieren: Den Puderzucker mit dem Zimt vermischen und den Schneeballen dünn damit abstauben.

Weihnachtsmarmelade

À LA CAFÉ BEER

Zutaten
für 12 Gläser

Für die Marmelade: 1 kg gefrorene Zwetschgen, geviertelt ✶ 250 ml trockener Rotwein ✶ 50 ml Rum ✶ 100 g Macadamianüsse, gehackt ✶ 50 g Pinienkerne ✶ 100 g getrocknete Feigen, in dünne Streifen geschnitten ✶ 400 g Orangenfilets ✶ 200 ml Maracujanektar ✶ 100 ml naturtrüber Apfelsaft ✶ 100 ml Limettensaft, frisch gepresst ✶ 2 EL Lebkuchengewürz (→ S. 10) ✶ 1 kg Gelierzucker 2:1
12 Gläser mit Schraubverschluss à 260 ml, frisch ausgekocht

Rotweinzwetschgen: Die Zwetschgen in einem Topf mit Rotwein und Rum 1 bis 2 Tage gekühlt ziehen lassen.

Nüsse: Die Macadamianüsse in einer Pfanne ohne Fett rösten. Die Pinienkerne ebenfalls rösten. Abkühlen lassen.

Marmelade: Die Gläser bereitstellen. Alle Zutaten bis auf die Nüsse mit zu den Rotweinzwetschgen in den Topf geben. Die Mischung zum Kochen bringen und für 5 Minuten sprudelnd kochen lassen. Den eventuell entstehenden Schaum abschöpfen. Erst direkt vor dem Abfüllen die Nüsse unterrühren.
Die Marmelade kochend heiß in die Gläser füllen und die Deckel fest aufschrauben.
Nach einigen Wochen wird die Marmelade etwas blasser, sie hält aber viele Monate.

Tipp

Varianten: Diese Marmelade lässt viel Spielraum für eigene Ideen: Sie haben bereits eingelegte Rumfrüchte? – Nehmen Sie diese anstelle der Zwetschgen. Sie mögen keine Nüsse in der Marmelade? Lassen Sie sie einfach weg. Sie haben keinen Maracujanektar? Nehmen Sie einfach Orangensaft.
Sie können die Marmelade auch zum Füllen Ihrer Plätzchen verwenden: Ich würde sie dafür mit dem Mixer noch etwas pürieren.

Weihnachtsfudge

KARAMELLEN MIT ANIS

Zutaten
für 50 Stück

Für die Fudgemasse: 150 ml Milch * 175 ml Kondensmilch * 3 TL Anissamen * 500 g Zucker * 100 g Butter
Backrahmen ca. 13 x 20 cm, auf einem Blech mit Backpapier
Für die Deko: 1 EL Anissamen, leicht gemörsert

Anismilch: Die Milch und die Kondensmilch zusammen mit den Anissamen in einem Topf aufkochen, dann vom Herd nehmen und zugedeckt abkühlen lassen. Über Nacht gekühlt ziehen lassen, damit sich das Anisaroma voll entfalten kann.

Fudgemasse: Am nächsten Tag die gut durchgezogene Milchmischung abseihen, um die Anissamen zu entfernen. Die Flüssigkeit anschließend wieder zurück in den Topf geben. Zucker und Butter dazugeben und die Mischung unter gelegentlichem Rühren langsam erhitzen, bis sie kocht.
Sobald die Mischung zu kochen beginnt, ohne Rühren bis auf 117 Grad erhitzen. Dies kann bis zu 30 Minuten dauern! Die Masse sollte dabei eindicken und leicht karamellfarbig werden.
Sobald dies geschehen ist, den Topf vom Herd nehmen und die Masse 5 Minuten auskühlen und ruhen lassen. Danach für ungefähr 5 Minuten mit einem Spatel umrühren, sodass etwas Luft eingearbeitet wird.

Formen: Die fertig gerührte Fudgemasse in den vorbereiteten Rahmen füllen. Sie ist zwar zähflüssig, läuft aber von alleine in alle Ecken. Ein Glattstreichen ist also nicht notwendig. Sobald sich die Fudgemasse geglättet hat, mit den gemörserten Anissamen bestreuen. 5 Stunden auskühlen lassen. Nach dem Auskühlen mit einem Messer in kleine Würfel schneiden. In einer Blechdose halten die Fudge ungekühlt 3 bis 4 Wochen.

Tipp

Die Temperatureinhaltung beim Kochen ist sehr wichtig, sonst wird die Süßigkeit zu hart oder zu weich. Daher sollte man unbedingt ein Thermometer verwenden und Geduld beim Kochen mitbringen!

Varianten: Man kann den Anis auch durch eine Vanilleschote (Mark auskratzen und auch die Schote mitkochen) oder durch eine Zimtstange ersetzen. Oder man kocht anstelle der Anissamen Kaffeebohnen mit der Milch und seiht sie nach dem Abkühlen wieder ab.

Glühweintrüffel

MIT WEISSWEIN UND WEISSER SCHOKOLADE

Zutaten
für 35 Stück

Für das Glühweingelee: 100 ml trockener Weißwein * 10 ml Gewürzessenz (→ S. 10) * 50 g Gelierzucker 2:1
Für die Ganache: 20 ml trockener Weißwein * 20 ml Gewürzessenz (→ S. 10) * 90 g weiße Schokolade, klein gehackt * 25 g Butter
Spritzbeutel mit Lochtülle 8 mm Ø oder Fülltülle
Für die Hülle: 35 Zartbitter-Hohlkörper * 250 g Zartbitterkuvertüre, temperiert (→ S. 9)
2 Pralinengabeln * Pralinengitter
Für die Deko: etwas Puderzucker * 35 Fondantsterne

Glühweingelee: Den Weißwein, die Gewürzessenz und den Gelierzucker in einem Topf 5 Minuten sprudelnd kochen lassen. Eventuell entstehenden Schaum abschöpfen. Vom Herd nehmen und das Gelee im Topf vollständig auskühlen lassen.

Ganache: Den Weißwein und die Gewürzessenz in einem Topf auf 60 Grad erhitzen. In einer Schüssel über die weiße Schokolade gießen und langsam rühren, bis sie sich aufgelöst hat. Im Anschluss die Butter dazugeben und mit einem Spatel so lange rühren, bis eine glatte Ganache entstanden ist.

Füllen: Gelee und Ganache zusammen in eine Schüssel geben und mit dem Stabmixer zu einer glatten Masse mixen, ohne dabei Luft einzuarbeiten. Dazu am besten den Stab seitlich eintauchen, sodass keine Luft in der Glocke mit nach unten gedrückt wird, und beim Mixen tief genug bleiben.
Die fertige Füllung in einen Spritzbeutel mit einer kleinen Loch- oder einer Fülltülle geben und in die Hohlkörper einfüllen. 1 Tag kühl und trocken ruhen lassen.

Überziehen: Die Hohlkörper zuerst mit einem kleinen Tropfen temperierter Kuvertüre verschließen. Kurz anziehen lassen. Danach die Pralinen mit Kuvertüre überziehen und dabei igeln: Dazu werden sie in die Kuvertüre getaucht, dann mit einer Pralinengabel herausgehoben und auf das Pralinengitter gelegt. Sobald die Kuvertüre anfängt fest zu werden, die Pralinen mit 2 Gabeln auf dem Gitter hin und her rollen. Auf einen Bogen Backpapier setzen und vollständig fest werden lassen.

Deko: Die Trüffel ganz leicht mit Puderzucker abstauben und mit einem Fondantstern dekorieren. Diesen eventuell mit etwas Kuvertüre oder Eiweißglasur festkleben.

Tipp

Zuckersterne gibt es zu kaufen. Sie können Ihre Deko aber auch ganz leicht selber machen: Dekorfondant dünn ausrollen und ausstechen oder Sterne mit dicker Eiweißglasur (→ Seite 11) auf Backpapier spritzen und fest werden lassen.

Süße Schneemänner

AUS KOKOS-MARZIPAN-PRALINEN

Zutaten
für 20 Stück

Für die Pralinenmasse: 300 g Marzipanrohmasse ✶ 80 ml Batida de Coco ✶ 60 g Kokosflocken, geröstet ✶ 30 g Honig ✶ 30 g Maracujasirup ✶ 30 ml Rum ✶ 50 g Kakaobutter, geschmolzen
Spritzbeutel mit Lochtülle 10 cm Ø ✶ Bleche mit Backpapier
Für die Kokoshülle: 200 g Kokosflocken ✶ 200 g weiße Schokolade, temperiert (→ S. 9)
Backpapier
Für die Spritzglasur: 1 Eiweiß ✶ 300 g Puderzucker, gesiebt ✶ Lebensmittelfarbe in Orange und Schwarz
2 Spritztütchen aus Backpapier mit sehr kleinem Loch
Für die Zylinder: 400 g schwarzes Marzipan oder Zuckerdekormasse

Pralinen: Alle Zutaten bis auf die Kakaobutter in einer Küchenmaschine oder mit dem Mixer glatt rühren. Dann die Kakaobutter dazugeben und weiter kräftig mixen, bis eine homogene Creme entstanden ist. Für 2 Stunden im Kühlschrank fester werden lassen.

Formen: Die Pralinenmasse gute 5 Minuten kräftig aufschlagen, sodass sie fast weiß wird. Mit einem Spritzbeutel mit großer Lochtülle auf Blechen mit Backpapier für jeden Schneemann 3 Kugeln aufspritzen, also insgesamt 60: Die unteren 20 Kugeln sollten etwa walnussgroß sein, die restlichen 40 Kugeln etwa halb so groß. Über Nacht kühlen.

Überziehen: Die Kokosflocken in eine große Schüssel geben. Beginnen Sie mit den 20 großen Kugeln: Ein wenig temperierte weiße Schokolade in die Handflächen geben und jede Praline damit nachrollen. Anschließend sofort in die Schüssel mit den Kokosflocken geben und durch sanftes Rütteln ummanteln. Die Pralinen auf ein Backpapier setzen und noch bevor die Schokolade fest wird oben leicht flach drücken. Das Ummanteln mit den restlichen Pralinen wiederholen, nur die 20 Köpfe nicht flach drücken.

Zusammensetzen: Alle Pralinen vollständig fest werden lassen, dann mit der temperierten weißen Schokolade immer 3 Kugeln aufeinandersetzen.

Eiweißglasur: Das Eiweiß mit dem Puderzucker zu einer sehr festen Eiweißglasur (→ Seite 11) rühren. Für die Nasen etwa ein Sechstel davon orange einfärben. Bei Bedarf noch etwas Puderzucker dazugeben, damit die Glasur fester wird! Mithilfe einer kleinen Spritztüte die Möhrennasen aufgarnieren. Den Rest der Glasur schwarz einfärben und Knöpfe, Augen und Münder aufgarnieren. Die übrige schwarze Glasur brauchen wir für die Zylinder.

Zylinder: Aus dem schwarzen Marzipan 20 kleine, runde Plättchen mit 1,5 Zentimetern Durchmesser formen. Aus dem Rest eine etwa 1 Zentimeter dicke Rolle formen und in 20 Teile schneiden. Die Hüte mit der schwarzen Glasur zusammenkleben und den Schneemännern aufsetzen.

Hüftgold verschenken

Noch schöner als Selbernaschen ist es, selbst gemachte Kreationen zu verschenken. Und nicht nur Kinder freuen sich über liebevoll gestaltete Süßigkeiten.

Bewusst Schenken

Oft wissen wir gar nicht mehr, was wir schenken sollen. Und wenn wir ehrlich sind, haben wir ja auch alles, was wir brauchen. Deshalb schenken viele gerne Essbares, das steht wenigstens nicht ewig nutzlos rum … Und selbst gemachte Pralinen, Marmeladen & Co. haben ganz sicher keinen faden »Verlegenheits-Beigeschmack«.

Von Herzen

Liebevoll verpackt sind Pralinen ein Geschenk, das jedem Freude macht. Die Fudges und die Pralinenmassen im Buch können Sie außerdem durch das Tauschen von Gewürzen individualisieren. Wer wünscht sich nicht eine eigene Pralinensorte? Pralinen sollten immer gut gekühlt und mit Datum versehen werden, Fudge oder Lebkuchenkonfekt halten länger und ohne Kühlung.

»Sag's durch die Blume?
Ich als Konditor schenke Zuneigung
am liebsten durch Hüftgold-Minis!«

Weihnachts-Macarons

MIT MANDELN UND ZITRONENCREME

Zutaten
für ca. 30 Stück

Für die Masse: 75 g geschälte, gemahlene Mandeln ✶ 125 g Puderzucker ✶ 2 Eiweiße ✶ 20 g Zucker ✶ 2 TL rotes Lebensmittelfarbpulver
Macaron-Silikonbackmatte oder Backblech mit Backpapier ✶ Spritzbeutel mit Lochtülle 10 mm Ø
Für die Zitronencreme: 75 g Butter ✶ 120 g Puderzucker ✶ Abrieb von 1 Bio-Zitrone ✶ 180 g Frischkäse ✶ Saft von ½ Bio-Zitrone ✶ 150 g Puderzucker
Außerdem: Kerne von 1 Granatapfel ✶ 1 EL Zimt
Spritzbeutel mit Lochtülle 6–8 cm Ø

Masse: Die Mandeln und den Puderzucker mischen, in einer Küchenmaschine sehr fein mahlen. Durch ein feines Sieb sieben.
Danach das Eiweiß schaumig schlagen und, sobald es beginnt weiß zu werden, den Zucker einrieseln lassen. Vollständig steif schlagen. Dann die Lebensmittelfarbe und anschließend die Mandelmischung vorsichtig unter den Eischnee ziehen. Die Macaronmasse hat nun eine leicht fließende Konsistenz. Die Masse in einen Spritzbeutel mit großer Lochtülle füllen und 60 etwa 3 Zentimeter große Tupfen auf die Macaronmatte oder auf Backbleche aufdressieren. Anschließend die Macarons 20 bis 30 Minuten ruhen lassen, bis sie eine leichte Haut bekommen haben.
Rechtzeitig den Backofen auf 140 Grad Ober-/Unterhitze vorheizen und die Macarons 12 bis 14 Minuten auf der mittleren Schiene backen. Auf der Matte oder auf dem Papier auskühlen lassen.

Zitronencreme: Die Butter mit den 120 Gramm Puderzucker und dem Zitronenabrieb hell-cremig aufschlagen. Dann den Frischkäse und den Zitronensaft dazugeben und beides zügig, aber vorsichtig unterrühren, um die Creme nicht zu überschlagen. Zum Schluss den restlichen Puderzucker unterziehen.

Zusammensetzen: Die Creme in einen Spritzbeutel mit mittelgroßer Lochtülle füllen. Die Hälfte der Macarons umdrehen und jeweils eine walnussgroße Menge der Zitronenfüllung aufdressieren.
In jeden Cremetupfen mittig 6 bis 8 Granatapfelkerne drücken. Die Füllung anschließend mit Zimt bestäuben. Dann die restlichen Macaronhälften aufsetzen.
Die Macarons über Nacht kühlen, damit die Creme fest wird.

Tipp

Illex-Deko: Zum Servieren habe ich 100 Gramm grünes Marzipan dünn ausgerollt und 90 kleine Illexblätter ausgestochen. Aus etwa 20 Gramm Johannisbeerkonfitüre habe ich noch die roten Früchte aufgetragen.

Beers Kakaowürfel

MIT GEBRANNTEN MACADAMIANÜSSEN UND KAFFEEKNUSPER

Zutaten
für 20 Stück

Für die gebrannten Macadamianüsse:
100 g Macadamianüsse ✶ 50 g Zucker
Backpapier
Für die Ganache: 150 g Sahne ✶
20 g Kakaopulver ✶ 170 g Zartbitter-kuvertüre, fein gehackt ✶ 100 g Nougat
Zum Formen: Kakaopulver zum Bestäuben
Back- oder Dessertrahmen 12 x 15 cm auf einem Backblech, faltenfrei mit Frischhaltefolie ausgelegt
Für die Dekosterne: ca. 150 g weiße Schokolade, temperiert (→ S. 9) ✶ Kakaopulver zum Bestäuben
Backpapier ✶ Sternausstecher mit ca. 5 cm Ø ✶ Sternausstecher mit ca. 1,5 cm Ø
Für das Kaffeeknusper: 5 g Instantkaffeepulver ✶ 20 g Filterkaffee (kalt) ✶
30 g Cornflakes ✶ 100 g weiße Schokolade, temperiert (→ S. 9)
Backblech mit Backpapier
Außerdem: temperierte weiße Schokolade
kleines Spritztütchen

Gebrannte Macadamianüsse: Die Nüsse mit dem Zucker in einer Pfanne karamellisieren lassen (→ Tipp Seite 88). Auf ein Backpapier ausbreiten, auskühlen lassen und anschließend in grobe Stücke hacken.

Ganache: Die Sahne mit Kakaopulver aufkochen, leicht abkühlen lassen. In einer Schüssel über die Zartbitterkuvertüre und das Nougat gießen. Langsam glatt rühren. Dann die gehackten Nüsse untermischen.

Formen: Die Pralinenmasse in den vorbereiteten Rahmen gießen. Sie sollte etwa 3 Zentimeter hoch stehen. Mindestens 2 Stunden abgedeckt kühl stellen.
Die ausgekühlte Masse gleichmäßig mit Kakaopulver abstauben, den Rahmen entfernen und etwa 3 Zentimeter große Würfel schneiden. Kühl lagern.

Dekosterne: Die temperierte weiße Schokolade mit einer Winkelpalette auf einem Backpapierabschnitt etwa 2 Millimeter dick aufstreichen und abkühlen, aber nicht ganz fest werden lassen.
Aus der Schokolade ausreichend große und kleine Sterne ausstechen. Mit Kakaopulver bestäuben und vollständig aushärten lassen.

Knusper: Den Backofen auf 100 Grad Umluft vorheizen. Den Instantkaffee im Filterkaffee auflösen und die Cornflakes damit vermischen.
Die Cornflakes sofort auf einem Backblech ausbreiten und im Ofen in circa 60 Minuten wieder knusprig trocknen lassen.
Die temperierte weiße Schokolade in einer Schüssel unter die Cornflakes mischen.
Mit einem kleinen Löffel 20 kleine Häufchen auf Backpapier setzen. Nur kurz anziehen lassen.

Fertigstellen: Zum Zusammenkleben etwas temperierte weiße Schokolade in ein kleines Spritztütchen füllen und damit zuerst die Würfel auf die großen Sterne kleben. Dann die Knusperhäufchen mittig auf die Würfel setzen. Zuletzt noch die kleinen Sterne daraufsetzen.

Lebkuchenkonfekt

MIT MARZIPAN, TROCKENFRÜCHTEN UND NÜSSEN

Zutaten
für ca. 60 Stück

Für die Lebkuchenmasse: 110 g Marzipanrohmasse * 80 g Aprikosenkonfitüre * 25 g Zitronat, fein gehackt * 75 g Orangeat, fein gehackt * 340 g Haselnüsse, fein gerieben * 100 g Walnüsse, fein gerieben * 60 g Weizenmehl Type 550 * 10 g Lebkuchengewürz (→ S. 10) * 4 g Backpulver * 2 g Hirschhornsalz * 5 Eiweiße * 330 g Zucker * 1 Prise Salz
Spritzbeutel mit Lochtülle 10 mm Ø * 2 Backbleche mit Backpapier
Für die Zuckerglasur: 50 ml Wasser * 150 g Zucker

Lebkuchenmasse: Die Marzipanrohmasse mit der Aprikosenkonfitüre, dem Zitronat und dem Orangeat von Hand verkneten.
Die Nüsse mit dem Mehl, dem Lebkuchengewürz und dem Backpulver vermischen und bereitstellen. Das Hirschhornsalz mit ein paar Tropfen Wasser auflösen.
Das Eiweiß in einer großen Schüssel mit dem Zucker und der Prise Salz nicht zu schnell, aber gründlich steif schlagen.
Nun das aufgelöste Hirschhornsalz und die Marzipan-Aprikosen-Masse vorsichtig mit dem Eischnee vermischen. Zum Schluss die Mehl-Nuss-Mischung unterheben. Die Masse für 30 Minuten abgedeckt ruhen lassen.

Formen: Die Masse nochmals kurz durchmischen und anschließend in einen Spritzbeutel mit großer Lochtülle füllen. Auf 2 vorbereiteten Backblechen mit einem großzügigen Abstand etwa 60 walnussgroße Kuppeln aufspritzen.
Für mindestens 12 Stunden an einem trockenen und warmen Ort trocknen lassen. Alternativ für 1 Stunde in den 45 Grad warmen Backofen stellen und anschließend noch für 1 Stunde in der Küche fertig trocknen lassen.

Glasur: Etwa 1 Stunde, ehe Sie die Lebkuchen backen, für die Glasur Wasser und Zucker in einem Topf mischen und auf 112 Grad erhitzen. Leicht abkühlen lassen. Die Lebkuchen werden nach dem Backen noch lauwarm damit bestrichen.

Backen: Den Backofen auf 160 Grad Umluft vorheizen. Das Lebkuchenkonfekt circa 14 Minuten backen. Auf dem Blech lauwarm auskühlen lassen und dann mit der Glasur bestreichen. Anschließend vollständig abkühlen lassen. Alternativ ausgekühlt mit temperierter Kuvertüre (→ Seite 9) überziehen.

Tipp

Perfekt geformte Lebkuchen: Damit Ihre Lebkuchen die gewünschte Form halten, müssen sie vor dem Backen richtig gut trocknen. Ansonsten laufen sie beim Backen breit.

Pistazientrüffel

MIT VANILLE UND GOLD

Zutaten
für 45 Stück

Für die Trüffelmasse: 120 g Sahne ✶ Mark von ½ Vanilleschote ✶ 200 g Vollmilchkuvertüre, klein gehackt ✶ 100 g Zartbitterkuvertüre, klein gehackt ✶ 50 g zimmerwarme Butter ✶ 40 g gemahlene Pistazien
Blech mit Backpapier ✶ Spritzbeutel mit Lochtülle 8 mm Ø
Zum Überziehen: ca. 250 g Zartbitterkuvertüre, temperiert (→ S. 9) ✶ goldene Zuckerperlen und Spritzglasur (gekauft oder dicke Eiweißglasur) nach Geschmack ✶ essbarer Goldstaub
Backpapier

Trüffelmasse: Die Sahne mit dem Vanillemark in einem Topf aufkochen und anschließend leicht abkühlen lassen. Dann in einer Schüssel über die Kuvertüren gießen und langsam rühren, bis sie sich vollständig aufgelöst hat. Zuletzt die zimmerwarme Butter dazugeben und weiter rühren, bis eine glatte Ganache entstanden ist.
Zum Schluss noch die gemahlenen Pistazien unterrühren. Für 1 Stunde im Kühlschrank fest werden lassen.

Formen: Die durchgekühlte Trüffelmasse mit der Küchenmaschine oder mit dem Handmixer aufschlagen. In einen Spritzbeutel mit mittlerer Lochtülle geben und etwa walnussgroße spitze Tupfen auf ein Blech oder Tablett mit Backpapier spritzen. Für mindestens 1 weitere Stunde kalt stellen.

Überziehen: Die gekühlten Ganachetupfen mit der temperierten Zartbitterkuvertüre überziehen (→ Tipp Seite 92). Auf ein Pralinengitter setzen, kurz abtropfen lassen und dann auf ein Backpapier umsetzen. Nach Geschmack auf einige Pralinen noch goldene Zuckerperlen aufstreuen. Fest werden lassen.
Als weitere Verzierung mit Spritzglasur spiralförmige Linien aufdressieren. Sobald die Spritzglasur ganz fest geworden ist, die Pralinen großzügig mit essbarem Goldstaub abstauben.
Die Pralinen halten gekühlt etwa 30 Tage.

Rezeptverzeichnis

Grundrezepte

Süße Vorfreude – Adventliche Kuchen und Kleingebäcke

Rund ums Lebkuchenhäuschen – Lebkucheninterpretationen, Stollen und Honigkuchen

Weihnachtliche Tortenträume – Torten, Törtchen und Kuchen

Ein bisschen mehr Hüftgold – Plätzchen und Kekse

Mit Liebe gemacht – Pralinen, Konfekt und süße Geschenke

Pralinen

Konfekt und Kleinigkeiten

Plätzchen

Kuchen und Tartes

Kleine Gebäcke und Desserts

Torten

Fruchtiges

Schokoladiges

Nussiges

Lebkuchen, Honigkuchen und Stollen

Dankesworte

Natürlich möchte ich die Möglichkeit nicht auslassen um mich bei einigen Personen, die mir nicht nur bei diesem Buch geholfen haben, zu bedanken:

Da wären in erster Linie meine Eltern, die mir zum Glück das Familien-Konditoren-Gen weitergegeben haben. Die mich nicht nur bei meinem beruflichen Werdegang unterstützten und hinter mir standen. Ihr wärt sicher sehr stolz auf dieses Buch.

Danke natürlich auch an meine liebste Frau Sabine und unsere beiden Kinder Leila und Flin. Ihr 3 seid mein ganz persönliches Glück, mein Antrieb nicht nachzulassen und immer weiter zu machen.

Mein großer Dank geht auch an meine Backstubenleiterin und Meisterin Susanne Jüttner, mit der ich immer sehr gerne konstruktiv und vor allem kreativ zusammenarbeite. Deine Hilfe und tolle Unterstützung bei diesem Buch war mir eine große Freude.

Danke auch an mein ganzes Team in der Backstube und im Laden für das viele Testen und Probieren und euren ehrlichen Meinungen zu den Backproben.

Danke auch an alle meine vielen guten Freunde, hier besonders an Kathi, die mir nicht nur mit Ihrem »guten Geschmackssinn« auf der Suche nach den perfekten Rezepten sehr geholfen haben.

Martin Rößler ist Konditormeister und seit 2008 TV-Konditor im BR-Magazin *Wir in Bayern*. Im Jahr 2015 belegte er mit seinem Team den 2. Platz bei der ZDF Sendung *Deutschlands bester Weihnachtsbäcker*.
In Nürnberg, der Stadt des weltberühmten Christkindles-Marktes, ist er in 6. Familiengeneration Chef der traditionsreichen Konditorei *Café Beer*. Der Autor sorgt mit einer riesigen Kuchen- und Tortenauswahl und einem feinen Sortiment selbst hergestellter Pralinen dafür, dass der Name Rößler für höchste Qualität steht.
Weitere Infos: www.cafebeer.de

Dorothee Gödert ist Foodfotografin mit Gaumen, Leib und Seele. In ihrem bestens ausgestattetem Studio in Frankfurt am Main fotografiert und kocht sie seit 1998.
Nach Beendigung der Fotografenausbildung, assistierte sie in unterschiedlichen Bereichen der Fotografie. Bevor sie sich selbstständig machte, arbeitete sie mehrere Jahre mit dem Foodfotografen Christian Teubner zusammen. Zu ihren Auftraggebern gehören renommierte Verlage, Werbeagenturen und Direktkunden.
Mehr unter: www.d-goedert.com

Impressum

Bibliografische Information der Deutschen Nationalbibliothek
Die Deutsche Nationalbibliothek verzeichnet diese Publikation in der Deutschen Nationalbibliografie; detaillierte bibliografische Daten sind im Internet über http://dnb.d-nb.de abrufbar.

BLV Buchverlag
GmbH & Co. KG
80636 München

www.facebook.com/blvVerlag

Bildnachweis
Foodfotografie und Foodstyling: Dorothee Gödert, außer S. 123: ©stockfood/Fotos mit Geschmack
S. 128 Portrait Fotografin: Katrin Denkewitz
Hintergrundfond: royalstockfoto – fotolia.com
Illustrationen: Flügel: Bitter – fotolia.com; Engel: Linea – fotolia.com

Umschlagkonzeption und Gestaltung: BLV-Verlag
Umschlagfotos: Foodfoto Vorderseite: stockfood/ Fotos mit Geschmack; Autorenportrait und Rückseite: Dorothee Gödert
Illustration Umschlag: Shutterstock

Lektorat: Sonja Forster
Herstellung: Angelika Tröger
Layout/DTP: griesbeckdesign, Dorothee Griesbeck, München

Gedruckt auf chlorfrei gebleichtem Papier

Printed in Germany • ISBN 978-3-8354-1738-0

Hinweis
Das vorliegende Buch wurde sorgfältig erarbeitet. Dennoch erfolgen alle Angaben ohne Gewähr. Weder Autor noch Verlag können für eventuelle Nachteile oder Schäden, die aus den im Buch vorgestellten Informationen resultieren, eine Haftung übernehmen.